Königs Erläuterungen und Materialien
Band 408

Erläuterungen zu

Anna Seghers

Das siebte Kreuz

von Rüdiger Bernhardt

Bange Verlag

Über den Autor dieser Erläuterung:

Prof. Dr. sc. phil. Rüdiger Bernhardt lehrte neuere und neueste deutsche sowie skandinavische Literatur an Universitäten des In- und Auslandes. Er veröffentlichte u. a. Monografien zu Henrik Ibsen, Gerhart Hauptmann, August Strindberg, gab die Werke Ibsens, Peter Hilles, Hermann Conradis und anderer sowie zahlreiche Schulbücher heraus. Seit 1994 ist er Vorsitzender der Gerhart-Hauptmann-Stiftung Kloster auf Hiddensee.

4. Auflage 2006
ISBN 10: 3-8044-1715-9
ISBN 13: 978-3-8044-1715-1

Satz: kobold layout initiative . bamberg . www.kobold-layout.de

Titelabbildung: Anna Seghers
Druck und Weiterverarbeitung: Tiskárna Akcent, Vimperk

Inhalt

Vorwort

Anna Seghers wurde mit dem Kleistpreis (1928) und dem Büchnerpreis (1947), den wichtigsten deutschen Literaturpreisen, geehrt. Die Ehrungen galten Beginn und Höhepunkt eines künstlerischen Werkes, das in den Erzählungen und Romanen während des Exils in Frankreich und Mexiko – *Das siebte Kreuz* (1942) und *Transit* (1943) – **eine gefährdete Menschlichkeit** beschrieb. Das epische Werk der Anna Seghers gehört zu den bedeutendsten weltliterarischen Leistungen des 20. Jahrhunderts.[1] Die späten Romane sind nicht frei von ideologischem Zugeständnis an die Macht, wobei sich dieser Konsens als differenziert erweist und auch Widerspruch in sich birgt. Anderes im **Spätwerk ist Gipfel Seghers'scher Erzählkunst** und deutscher Literatur. –
Der Roman *Das siebte Kreuz* ist ein Höhepunkt ihres Schaffens. Dem mussten selbst Kritiker wie Marcel Reich-Ranicki[2] zustimmen, die mit der politischen Haltung der Schriftstellerin schon wegen der eigenen politischen Entwicklung Schwierigkeiten haben. Es ist ein kämpferischer Roman gegen den nationalsozialistischen Terror und eine Ehrenrettung für die Deutschen, unter denen es – unabhängig von der politischen oder weltanschaulichen Haltung – auch im Nationalsozialismus moralisch lautere Menschen gegeben hat. Das Schicksal des Romans, zuerst in den USA bekannt geworden zu sein, dann in deutscher Sprache veröffentlicht zu werden, ist keine Ausnahme. Diese Publikationsgeschichten stammen aus einer Zeit, in der deutsche Schriftsteller massenhaft aus ihrer Hei-

1 Außer dem Hörspiel *Prozess der Jeanne d'Arc zu Rouen 1432* (1937) und einer Kurzszene *Der Stiefel* (1969) besteht das Werk der Seghers aus Romanen, Erzählungen, Essays und theoretischen Schriften.

2 Vgl. Marcel Reich-Ranicki: *Nicht gedacht soll ihrer werden?* Marcel Reich-Ranicki über Anna Seghers: *Das siebte Kreuz*. In: Ders. (Hg.): Romane von gestern – heute gelesen, Bd. 3, 1933–1945. Frankfurt/M. Fischer 1990, S. 277–287

mat vertrieben wurden. – Der Roman ist einer der meistinterpretierten Texte deutscher Literatur; auch didaktische Empfehlungen dazu sind zahlreich.[3] Der Tenor der Interpretationen ist einheitlich, da nach der einseitigen Rezeption in der DDR – zu der Zeit galt die Seghers als Unperson in der alten Bundesrepublik – und dem vorauseilenden Gehorsam nach 1989, mit dem sie verketzert, verdächtigt und verleumdet wurde, sich seit 1995 eine reich differenzierte **Anerkennung der Schriftstellerin** durchsetzte und denunziatorische Gehässigkeiten bis auf Ausnahmen[4] verdrängte. – Die vorliegende Abhandlung will keine weitere Interpretation und didaktische Aufarbeitung bieten, sondern für den Text Zugänge eröffnen, Wege des Verständnisses anbieten und historisch gewordene Inhalte erklären. Der Text des *Siebten Kreuzes* wirkt auf den ersten Blick schmucklos, beim Lesen anfangs spröde, anspruchsvolle Metaphern meidend. So sprach Anna Seghers auch über Kunst und Literatur, über Politik und ihr Leben. Dennoch bietet diese Schlichtheit höchste Verdichtung komplizierter Denk- und Verständnisprozesse im einfachen Wort an. Es wird in der vorliegenden Darstellung gezeigt, wie für die Entschlüsselung dieser Vereinfachungen andere Hilfsmittel zum Verständnis des Textes genutzt werden können.

Da es keine richtige Schulausgabe des Textes gibt, hat der Autor die Kapitel- und Abschnittzählung und bei den Zitaten den seit einigen Monaten vorliegenden Band der Werkausgabe (s. S. 110) zur Seitenangabe benutzt.

---

3 Vgl. dazu: Gustav Schröder: *Rezension zu Ursula Elsner: Anna Seghers Das siebte Kreuz.* In: Argonautenschiff Nr. 9, 2000, S. 293

4 Höhepunkt der Verunglimpfungen war Ulf Heises Artikel zum 100. Geburtstag der Schriftstellerin *Leben mit dem ständigen Kompromiss*. In: Freie Presse, Chemnitz vom 18./19. November 2000, S. 10, wo er u.a. formulierte: „Sie kompensierte das geistige Elend der letzten Jahre auf stille Weise durch den regelmäßigen Konsum von Alkohol und nahm damit eine lang tabuisierte Entwicklung." Es waren die Jahre, als die Erzählungen *Drei Frauen aus Haiti* entstanden. Heises Aversion machte vor keinem Werk der Seghers Halt; seine Artikel über sie sind eine Ausnahme in der Publizistik.

1. Anna Seghers: Leben und Werk

1.1 Biografie

Jahr	Ort	Ereignis	Alter
1900 19. November	Mainz	geboren als **Netty Reiling**, einziges Kind des wohlhabenden jüdischen Kunsthändlers Isidor Reiling und seiner Ehefrau Hedwig Reiling	
1907	Mainz	Besuch einer Privatschule, nach drei Jahren Höhere Mädchenschule und seit 1917 Gymnasium	7 17
1920	Mainz	Abitur	19
1920–24	Heidelberg, Köln	Studium der Geschichte, Kunstgeschichte und Sinologie an der Universität	20–24
1922	Köln	Praktikum am „Museum für Ostasiatische Kunst"	21
1923	Heidelberg	László Radványi (1900–78) alias Johann-Lorenz Schmidt, ein ungarischer Soziologe und Wirtschaftswissenschaftler, ihr späterer Mann, promoviert über „Der Chiliasmus. Ein Versuch zur Erkenntnis der chiliastischen Idee und des chiliastischen Handelns". Sie wendet seine Erkenntnisse später u. a. im *Siebten Kreuz* an.	22

Jahr	Ort	Ereignis	Alter
1924	Heidelberg	4. November: Promotion zum Dr. phil. mit der Arbeit *Jude und Judentum im Werke Rembrandts*	23
1924	Frankfurt/M.	erste Erzählung: *Die Toten auf der Insel Djal* von Antje Seghers (**erstmals das Pseudonym**)	23
1925	Mainz	Heirat mit László Radványi	24
1925	Berlin	Umzug, ihr Mann wird Direktor der MASCH (Marxistische Arbeiterschule)	
nach 1925		Austritt aus der jüdischen Gemeinde	25
1926	Berlin	Geburt des Sohnes Peter	
1927	Frankfurt	*Grubetsch* in der *Frankfurter Zeitung* in Fortsetzungen gedruckt	27
1928	Berlin	Geburt der Tochter Ruth. Eintritt in die KPD	27
	Potsdam	Erzählung: *Aufstand der Fischer von St. Barbara* als erste Buchveröffentlichung, **Kleist-Preis** auf Vorschlag Hans Henny Jahnns	
1929	Berlin	Mitglied des BPRS (Bund Proletarisch-Revolutionärer Schriftsteller)	28
	London	auf Einladung des P.E.N.-Clubs	
1930	Charkow	Teilnahme am II. Internationalen Kongress für politische und revolutionäre Literatur (gemeinsam mit Becher, Kisch, Weiskopf u.a.), Rundreise durch die Sowjetunion	29

Jahr	Ort	Ereignis	Alter
1932		Wahl in die Leitung des BPRS	31
1933	Berlin	Verhaftung. Sie kommt frei, weil sie durch ihren Mann ungarische Bürgerin ist. Sie versteckt sich in Berlin und flieht dann über Stuttgart.	32
	Frankreich	Flucht über die Schweiz in die Emigration, zuerst	
	Paris	ohne die Kinder, die nachkommen. Wohnung im Pariser Vorort Bellevue, Meudon. Vorträge über Literaturgeschichte an den Einrichtungen der Volksfront, die ihr Mann leitete, Mitherausgeberin der *Neuen Deutschen Blätter* (1933–35, Prag)	
1934	Österreich	Aufenthalt in Wien u.a. zum Besuch der Orte der Februarkämpfe und auf den Spuren des Arbeiterführers Koloman Wallisch	33
1935	Paris	Teilnahme am Internationalen Schriftstellerkongress zur Verteidigung der Kultur	34
1937	Madrid	Teilnahme am Internationalen Schriftstellerkongress in Valencia-Madrid-Barcelona	36
1938/39	Moskau	Briefwechsel mit Georg Lukács zur Realismus / Expressionismus-Debatte in der *Internationalen Literatur*	38

Jahr	Ort	Ereignis	Alter
1938/39	**Paris**	**Arbeit am *Siebten Kreuz* und Abschluss**	**38**
1940	Paris	Flucht nach Südfrankreich, ihr Mann wird interniert in Le Vernet, Tod des Vaters	39
1941	Marseille	Abreise auf dem Dampfer *Paul Lemerle* nach Martinique, Zwischenaufenthalte in Oran, Casablanca	40
	Santo Domingo	Weiterreise über die Dominikanische Republik nach New York	
1941 16. Juni	Ellis Island (USA)	Einreise in die USA an Bord der *SS Borinquem*	40
1941 25. Juni		Abfahrt nach Mexiko mit der *SS Monterey,* über Kuba nach Veracruz, mit der Bahn nach Mexiko.	40
1941	Mexiko	Gründung der Zeitschrift *Freies Deutschland,* Präsidentin des Heinrich-Heine-Klubs (1941–1946)	
1942	Piaski (Polen)	Deportation der Mutter ins KZ und Ermordung	41
1942	**Boston**	**The Seventh Cross. Translated from the German by James A. Galston (Little, Brown and Co.)**	
1943	**Mexiko**	**Das siebte Kreuz (dt., Verlag El Libro Libre)**	**42**
1943	**USA**	**Verkauf der Film-Story an Metro-Goldwyn-Mayer**	

Jahr	Ort	Ereignis	Alter
1943	Mexiko 25. Juni	schwerer Unfall, der auch für ein Attentat gehalten wird (Bodo Uhse u.a.)	42
1945/46	Paris	Die Kinder gehen zum Studium nach Paris.	45
1947		Rückreise aus Mexiko über New York	46
1947 22. April	Berlin	Anna Seghers kehrt allein nach Berlin zurück, ihr Mann folgt ihr erst 1952	
	Darmstadt	**Georg-Büchner-Preis**	
	Berlin	Teilnahme am 1. Schriftsteller-kongress nach dem Kriege	
1948	Sowjetunion Wroclaw	Reise im April/Mai; Teilnahme am Weltkongress der Kulturschaffenden	47
1949	Paris / Prag	Teilnahme am Weltfriedenskon-gress	48
1950		Mitglied des Weltfriedensrates, Gründungsmitglied der Deut-schen Akademie der Künste der DDR	49
1951	Berlin	Nationalpreis 1. Klasse; Reise nach China	50
1952	Berlin	Präsidentin des Schriftstellerver-bandes	51
		Lesereise nach Bayreuth und München	

Jahr	Ort	Ereignis	Alter
1956/57	Berlin	Prozess gegen Walter Janka: Anna Seghers versucht erfolglos, sich bei Walter Ulbricht für Janka einzusetzen, bei Ministerien vorstellig zu werden, betrieb eine Resolution an das ZK der SED.[5]	56
1959		Ehrendoktor der Universität Jena, Nationalpreis der DDR	58
1961	Brasilien	Schiffsreise, Begegnung mit Jorge Amado	60
1962	Frankreich	Lesereise, auch in die Bundesrepublik Deutschland	61
1963	Brasilien	zweite Reise nach Brasilien. – Teilnahme an der Kafka-Konferenz in Liblice/ČSSR	72
1971		Nationalpreis der DDR	70
1977		schwere Krankheit, Universität Mainz verleiht ihr die heftig umstrittene Ehrenbürgerschaft	76
1978	Berlin	Tod ihres Mannes; Ehrenpräsidentin des Schriftstellerverbandes der DDR	77
1981	Mainz	Ehrenbürgerschaft in ihrer Heimatstadt	80
1983 1. Juni	Berlin	Tod	82

5 Vgl. Bernhardt: *Mühen*, S. 87

Das Pseudonym

Wie wurde aus der **Kunsthistorikerin Netty Reiling** die **Schriftstellerin Anna Seghers?** 1924 erschien die Dissertation der Netty Reiling und die erste Veröffentlichung von Anna Seghers *Die Toten auf der Insel Djal*. Der Text trug den Untertitel „Eine Sage aus dem Holländischen, nacherzählt von Antje Seghers"[6]. Anna Seghers bezeichnete die Namensgebung als Zufall und berief sich auf die „gruslige oder grausliche Geschichte von einem holländischen Kapitän. Ich schrieb sie in der Ich-Form, als ob dieser Kapitän mein Großvater war. Ich musste ihm ja auch einen Namen geben. Auf der Suche nach einem holländischen Namen kam ich auf Seghers, das ist ein Grafiker aus der Rembrandt-Zeit ..."[7].

Im Studio des Kunsthistorikers Wilhelm Fraenger (1890–1964), der während Anna Seghers' Studium lehrte, hing der flechtenkranke Baum des Hercules Seghers und der Kunstwissenschaftler arbeitete zudem über Hercules Segers (oder Seghers).[8] Von Fraenger stammte auch die Beschreibung der Seghers: „‚Sie hat die Grazie einer javanischen Tempeltänzerin ... welche sich ausruht.'"[9].

6 Frankfurter Zeitung und Handelsblatt. Frankfurt/M. 69, 1924. Sondernummer Weihnachten 1924. Der Text erschien erst wieder 1985 als Präsent des Aufbau-Verlages anlässlich des 85. Geburtstages der Autorin.

7 Christa Wolf: *Bei Anna Seghers*. In: Lesen und Schreiben. Aufsätze und Betrachtungen. Berlin und Weimar: Aufbau-Verlag, 1972, S. 127 f.

8 Fraengers Buch über Hercules Seghers erschien 1922; das Buch wurde zu einem Kultbuch. Fraenger setzte seine Arbeit, in der er Seghers' Beziehungen zu Rembrandt, der als eine Art Schüler Seghers' gelten kann, untersuchen wollte, nicht fort. Anna Seghers aber promovierte 1924 über Rembrandt.

9 Carl Zuckmayer: *Gruß an Netty Reiling*. In: Batt, 1975, S. 27

1.2 Zeitgeschichtlicher Hintergrund

Roman aus Hitlerdeutschland

Der „Roman aus Hitlerdeutschland", so der Untertitel der Erstausgabe und der Werkausgaben[10], gehört zu den Bucherfolgen aller Zeiten. Wenn man bedenkt, dass die Wirkungsbereiche des Romans, die deutschsprachigen Gebiete, ihm bei seiner Erstveröffentlichung zumeist versperrt waren, dass er durch Übersetzungen und in der Verfilmung zu wirken begann, ist der Erfolg noch höher anzusetzen. – Jedoch hat der Roman nicht nur Zustimmung gefunden. Walter Ulbricht soll in der Nachkriegszeit Sorgen mit ihm gehabt haben, auch die sowjetischen Freunde, wie Walter Janka berichtete. Sie waren „wegen des herausgelesenen Fatalismus enttäuscht. Sie alle hätten es lieber gesehen, wenn dieser Roman nie geschrieben worden wäre"[11]. Zum *Siebten Kreuzes* gehört ein Vorgang, der Anna Seghers' in **Konflikte mit ihrer politischen Überzeugung** brachte. Im Juni 1939 wurden erste Kapitel auf Betreiben Johannes R. Bechers, der die Seghers für „talentiert" und „begabt" hielt und sie so seinen Lesern empfahl[12], in der Moskauer *Internationalen Literatur* veröffentlicht. Becher wollte den Lesern einen Überblick zur deutschen Exilliteratur verschaffen. Der Nichtangriffspakt zwischen Deutschland und der Sowjetunion, Hitler und Stalin, zwang Becher, den Abdruck des *Siebten Kreuzes* nach den ersten Kapiteln in Heft 6 bis 8, außerdem Feuchtwangers *Exil*, kommentarlos einzustellen. Das faschistische Deutschland durfte nicht mehr gebrandmarkt werden.[13]

---

10 Zeitweise wurde *Das siebte Kreuz* nur als *Roman* bezeichnet.

11 Walter Janka: *Spuren eines Lebens*. Reinbek bei Hamburg 1992, S. 260

12 Vgl. Johannes R. Becher: *Im Exil*. In: Gesammelte Werke, Band 16, Berlin und Weimar: Aufbau-Verlag, 1978, S. 666

13 Vgl. dazu: Jens-Fietje Dwars: *Abgrund des Widerspruchs. Das Leben des Johannes R. Becher*. Berlin: Aufbau-Verlag, 1998, S. 472

In Paul Röders Argumenten schlägt sich die Verunsicherung der deutschen Linken über diesen Pakt nieder (S. 246)[14]. Der Roman nahm seine Figuren fast ausschließlich aus dem proletarischen und kleinbürgerlichen Milieu. *Das siebte Kreuz* blieb so, wie sein erstes Wort „vielleicht" es ankündigte: vieldeutig, in mancher Hinsicht absichtlich unscharf, im Titel einen Mythos ansprechend. – Schärfer und genauer waren die **Widersprüche des Romans** nicht zu benennen, als es Hans Mayer tat:

> *„Beide Darstellungen von Beziehungen zwischen Führertreue und Widerstandsbewegung waren falsch: die der Anna Seghers im ‚Siebten Kreuz' und diejenige Carl Zuckmayers in seinem Schauspiel ‚Des Teufels General'. Bei Zuckmayer: Eigentlich sind alle dagegen, reizende Leute, bloß muss man sich vor ein paar Schurken im Dienste Himmlers vorsehen. Bei Anna Seghers: Zwar gibt es Konzentrationslager, aber trotz Geheimpolizei und Denunziationen bewährt sich die Kraft der Schwachen. Das Volk mag gelegentlich schwach sein und ängstlich, es ist aber unirrbar in seiner Ablehnung eines erzwungenen Regimes."*[15]

---

14 Die nachgestellten Seitenangaben beziehen sich auf die Ausgabe *Das siebte Kreuz* (Spieß).

15 Hans Mayer: *Die umerzogene Literatur. Deutsche Schriftsteller und Bücher 1945–1967.* Berlin 1988, S. 33

1.3 Angaben und Erläuterungen zu wesentlichen Werken

Anna Seghers hatte beachtete Texte geschrieben, war Kleist-Preis-Trägerin geworden, aber der Durchbruch zu internationalem und später deutschem Ruhm gelang ihr erst mit dem Roman *Das siebte Kreuz*. Dazu hatte es **Vorarbeiten** gegeben. 1933 erschienen in einer Broschüre in Moskau zwei Texte, die von einem Peter Conrad waren, hinter dem sich wahrscheinlich die Seghers verbarg. Die Geschichte *Das Vaterunser* beschrieb das Schicksal von Antifaschisten in einer SA-Kaserne und die Titelgeschichte *Mord im Lager Hohenstein* berichtete vom Martyrium und Tod des KZ-Häftlings Fritz Gumpert.[16] Danach hatte Anna Seghers eine nicht verwirklichte Sammlung von Porträts von „etwa 40–50 Toten aus Hitler-Deutschland" (1936)[17] vor. Es sollten Berichte verwendet werden, aus denen Porträts lebendiger Menschen werden sollten. Das war die Methode, die sie auch für *Das siebte Kreuz* einsetzte.

Nach dem Zweiten Weltkrieg wurden **Handlungsstränge des Romans weitergeschrieben**: In den *Vierzig Jahren der Margarete Wolf* (1958) geht sie dem Schicksal der Schwester Wallaus nach, genannt wurde Margarete Wolf im Verhör Wallaus (S. 190). In der Erzählung *Die Saboteure* (1946) wurde das Schicksal Fritz Marnets, Hermanns und Kreß' verfolgt, auch das von Figuren aus dem Roman *Transit*. Als der Krieg gegen die Sowjetunion ausbrach, hatte sich Franz mit zwei Freunden zur Sabotage entschlossen. Der Verfolgung entging er durch den Krieg.

16 *Mord im Lager Hohenstein. Berichte aus dem Dritten Reich.* Moskau: Verlagsgenossenschaft ausländischer Arbeiter in der UdSSR 1933, auch in Zeitschriften veröffentlicht. Vgl. Stephan, 1997, S. 18 und 298

17 Vgl. Stephan, 1997, S. 12

2. Textanalyse und -interpretation

2.1 Entstehung und Quellen

Roman als individueller Auftrag

Bodo Uhse, Freund und Mitstreiter in Mexiko, erinnerte sich 1950 an Gespräche im belagerten Madrid 1937, in denen Anna Seghers die Arbeit an dem Roman „wie einen **Auftrag**, wie die Erfüllung einer gewiss selbstverständlichen und schweren Pflicht, einer inneren und äußeren Notwendigkeit folgend" annahm.[18] 1938 plante Anna Seghers „einen kleinen Roman" nach einer Begebenheit, „die sich vor kurzem in Deutschland zutrug"[19]. Ein Häftling, der sich ins Ausland retten konnte, hatte ihr erzählt, dass ein Lagerkommandant eines KZ auf die Idee mit dem Kreuz gekommen sei, das man aus einer Platane geschlagen habe.[20] Als der Zweite Weltkrieg ausbrach, war der Roman abgeschlossen. Die ersten, 1939 in Moskau veröffentlichten Kapitel erregten Aufsehen, zeugten aber auch für die Zerrissenheit des antifaschistischen Kampfes. Anna Seghers hatte sich von Besuchern in Paris die Zustände in Deutschland schildern lassen, Informationen brieflich bekommen und in Gesprächen lokale und territoriale Kenntnisse aufgefrischt. Besondere Hilfe bekam sie von Lore Wolf, die ihr zu Frankfurt Auskünfte gab. Da sie bei der Firma Pokorny gearbeitet hatte, ist so auch dieser Betrieb in den Roman gekommen.
Anna Seghers wollte mit einem einzigen Schnitt „in das Innere dieser faschistischen Gesellschaft eindringen, es bloßlegen,

18 Bodo Uhse: *Wünsche und Erinnerungen. Einer Freundin zum fünfzigsten Geburtstag.* In: Gestalten und Probleme. Berlin: Aufbau-Verlag, 1959, S. 469

19 Anna Seghers: *Brief an Iwan I. Anissimow vom 23.9. (1938)* (d.i. der Leiter des Staatsverlages für ausländische Literatur in der Sowjetunion). In: Kunstwerk und Wirklichkeit, Bd. 2, S. 16

20 Stephan 1997, S. 24

wie es der Italiener Manzoni[21] in seinem Roman *Die Verlobten* mit der italienischen Gesellschaft seines Jahrhunderts macht"[22]. Die Seghers selbst hat auf das **Vorbild Alessandro Manzonis *Die Verlobten*** (1827)[23] als Vergleichsgegenstand hingewiesen, Christa Wolf hat es bestätigt, die Wissenschaft hat es bewiesen. In Schicksalen einfacher Menschen sollte der Nationalcharakter eines Volkes deutlich werden.

Manzonis *Die Verlobten*

Über die Entstehungsgeschichte und das Schicksal des Manuskriptes gab Anna Seghers wiederholt Auskunft, die häufig variierte.[24] Während Kopien des Manuskriptes verloren gingen, durch Razzias in Paris, Bombenangriffe und Flucht, lag ein Exemplar bereits bei F. C. Weiskopf in New York.[25] Der besorgte für das Manuskript einen Verlag. Gerüchte besagten, Hanns Eisler würde die Filmmusik für *Das siebte Kreuz* schreiben,was sich als falsch erwies. In den englischen, deutschen und spanischen Ausgaben des in den USA weit verbreiteten Romans suchte man beim FBI den Schlüssel für einen Geheim-Code zu finden.[26]

21 Alessandro Manzoni wurde 1935 von Anna Seghers am Ende ihrer Pariser Rede mit einem Gedicht zitiert. Später berief sie sich mehrfach auf ihn, auch nach dem *Siebten Kreuz*. Dabei war er ihr sowohl in seiner Volksverbundenheit als auch in seiner handwerklichen Präzision Beispiel. Vgl. Wagner, 1975, S. 126 f.

22 Christa Wolf: *Glauben an Irdisches*. In: Lesen und Schreiben. Aufsätze und Betrachtungen. Berlin und Weimar 1972, S. 99

23 Anna Seghers: *Glauben an Irdisches. Essays aus vier Jahrzehnten*. Hg von Christa Wolf. Leipzig: Reclam 1969, S. 367

24 Vgl. Anna Seghers, ebd. S. 366 ff. und Stephan,1997, S. 32 f.

25 Anna Seghers: ebd., S. 367

26 Stephan 1995, S. 461

2.2 Inhaltsangabe

1. Kapitel

Ein Prolog eröffnet den Roman. Ein **Erzähler** stellt sich vor, der aus späterer Erinnerung die Geschichte berichtet, KZ-Häftling war und damit als Erzählperspektive die des Opfers, aber Überlebenden ausweist. Die sieben Kreuze werden beschrieben.– Von der wichtigsten Figur Georg Heisler ist schon die Rede, ohne dass der Name genannt wird: Nachdem sechs von sieben Flüchtigen gefunden wurden, ist er Hoffnungszeichen für die Häftlinge. Der Erzähler meldet sich während der sieben Kapitel hin und wieder, nimmt aber seinen Faden erst am Ende wieder auf und schließt mit einem Epilog.

Nach dem Prolog übernimmt ein scheinbar anderer Erzähler den Bericht (1.1.) über die Flucht der sieben Häftlinge im Oktober 1937, stellt aber zuerst einen „gewissen Franz Marnet" vor, der ein Freund Heislers ist. Er hat vor allem auf die politische Bildung Georgs Einfluss gehabt. Ihrer beider Wege organisieren wesentlich den Roman, führen dicht aneinander vorbei, bedingen und ergänzen sich, ohne sich zu berühren. Es ist eine Meisterleistung der Konspiration. – Franz Marnet fährt von den Höhen des Taunus, die von der Sonne bestrahlt werden, in das Tal, in dem Nebel liegt. Der Vorgang ist sowohl real als auch symbolisch zu sehen. Es ist eine Fahrt aus einem Paradies, einer Idylle auf der Höhe in die Tiefe, die Hölle des nationalsozialistischen Alltags.[27] Sie wird auch als solche benannt; ihre Teufel wissen, dass sie eine Hölle verwalten und sie wollen, dass „auch in der Hölle Ordnung sei"[28].

---

27 Dem Gegensatz von Paradies und Hölle, oben und unten, Bauernhof und KZ folgte konsequent, ohne allerdings das Modell Dantes anzuwenden, Ursula Elsner in ihrer soliden Untersuchung. Vgl. Elsner, S. 111

28 *Das siebte Kreuz* (Spieß), S. 354, ferner durch nachgestellte Seitenangabe ausgewiesen.

Während der Fahrt wird die **Geschichte der Landschaft** von der mythischen Frühzeit über die römische Besetzung, die Christianisierung, das Heilige Römische Reich deutscher Nation und die Französische Revolution 1789 bis zum Zweiten Kaiserreich von 1871 und dem Beginn des Nationalsozialismus erinnert.
Franz Marnet erfährt in Höchst, dass im KZ Westhofen Häftlinge ausgebrochen sind, von denen man angeblich die meisten schon habe. „Das ist alles."(S. 23) – Die „Flucht" schließt sich an. Georg Heisler verbirgt sich im dichten Nebel im Moor, die Verfolger jagen an ihm vorüber. **Nebel ist die vorherrschende Naturerscheinung** des Romans und mehr als eine Wetterkapriole. Er kennzeichnet eine dunkle und feindliche Wirklichkeit. Verzieht er sich, entsteht der Eindruck von Frieden. Das geschieht selten.
Sieben Häftlinge sind im Oktober 1937 aus dem KZ Westhofen ausgebrochen. Sieben Platanen werden zu Kreuzen gekappt, um die Flüchtigen daran aufzuhängen. Heisler ist einer von ihnen. Er flüchtet von Station zu Station, immer in Gefahr, aber auch im Glück. Als erster wurde Beutler kurz nach der Flucht gefasst. Die Lagerleitung hat ihren Apparat in Bewegung gesetzt, um die Flüchtigen möglichst schnell zu stellen. – Georg reißt sich die Hand an einer bewehrten Mauerkrone blutig, flieht mit der Manchesterjacke des Gärtnerlehrlings Fritz Helwig und kann sich hinter einem Holzstoß in einem Dorf verstecken. Hier wird Pelzer, der zweite der sieben Flüchtlinge, aufgegriffen. – Ein Brauereiauto nimmt Georg in Richtung Mainz mit und im Dom dort verbringt er eine Nacht. Franz erinnert sich an die zehnjährige Bekanntschaft mit Georg, die auch Zerwürfnisse brachte. Georg nahm Franz die Freundin weg, ließ diese dann schnell im Stich.

2. Kapitel

Georg bricht nach der Nacht im Dom wieder auf. Fritz meint, seine Jacke bald wieder zu bekommen, da man einen der Häftlinge gefasst hat, er ist darüber keineswegs froh. Parallel dazu wird Georgs Schwiegervater von der Gestapo vorgeladen und verhört. Vom jüdischen Arzt Dr. Löwenstein lässt Georg sich die Schnittwunde an der Hand behandeln. Kurz darauf stürzt sich Georgs Mithäftling, der Artist Belloni, in Frankfurt nach einer artistischen Flucht von einem Hoteldach in die Tiefe. – Als die Küstersfrau im Dom Georgs Häftlingskleidung findet, verhindert der Pfarrer, dass man den Fund der Polizei übergibt. Georg tauscht inzwischen die Jacke Helwigs gegen einen Schifferpullover, sucht am Fluss eine Stelle zum Übersetzen, wird vom Hechtschwänzchen, einem stadtbekannten Sonderling, auf eine Halbinsel und in größte Gefahr gebracht. Elli erinnert sich an den Besuch bei Georg im KZ; inzwischen ist sie eine Beziehung mit Heinrich Kübler eingegangen, der bei ihr verhaftet wird, da man ihn für Georg hält. Beobachtet wird diese Verhaftung von Franz, der nun weiß, dass man Georg sucht. – Wallau, der geistige Kopf der Flucht, wird verraten und entdeckt. Der Verräter nimmt sich bald darauf das Leben. Georg verbringt die Nacht in einem Schuppen und wird Zeuge einer Liebesszene eines Namendoppelgängers.

3. Kapitel

Kübler ist nach Westhofen gebracht worden. Dort erkennt man die Verwechslung, Kübler misshandelt man furchtbar. Wallau wird verhaftet. Im Verhör schweigt er, weil er weiß, dass er sterben wird und durch Aussagen unabsichtlich Gefahren auslösen könnte. Ein innerer Monolog, in dem die Fragen der Gestapo beantwortet werden, legt Rechenschaft über dieses Leben ab. Fritz Helwig distanziert sich immer stärker von seiner Jacke und hofft, der Häftling werde nicht entdeckt. Als er seine Jacke identifizieren soll, will er sie nicht erkennen.– Franz wird nach Georg gefragt und verleugnet ihn fast wie Petrus Jesus Christus verleugnet. Es ist eine **säkularisierte Szene des Neuen Testaments**, die noch beziehungsvoller wird, weil auf dem Fahndungsbild Georg zwischen „zwei fremden Steckbriefgesichtern rechts und links" (S. 157) steht wie Jesus zwischen zwei Mördern gekreuzigt wird. Hilfe suchend für Georg trifft Franz sich mit Georgs Frau Elli im Kino und verabredet ein Treffen in der Markthalle.– Georg überquert mit einer Schulklasse, die in ihm einen Abenteurer vermutet, den Rhein. Ein Ausländer nimmt ihn im Auto mit bis Höchst. Seine Freundin Leni, bei der er Zuflucht sucht, weist ihn ab; sie ist inzwischen die Frau eines Nazis geworden. In seiner Hilf- und Ratlosigkeit fällt ihm die Adresse der Schneiderin Bellonis ein, wo er Kleidung und Geld bekommt. Auf der Suche nach einem Nachtquartier begleitet er eine Prostituierte, flieht aber auf abenteuerliche Weise, als er sich von Zuhältern bedroht glaubt.

4. Kapitel

Der Bürgermeister von Buchenbach Peter Wurz hat den Bauern Aldinger denunziert, der daraufhin nach Westhofen kam und einer der sieben Entflohenen ist. Bei Frau Marelli kommt die Gestapo Georg auf die Spur, da sie den Seemannspullover findet. Georg wird in einem Büfett erkannt, aber nicht verraten. Als er den ebenfalls geflohenen Füllgrabe trifft, versucht dieser, Georg zu überreden sich mit ihm zu stellen, da die Flucht sinnlos geworden sei. Bis auf sie und Aldinger habe man alle anderen wieder. Georg wird von einem weiteren Schwäche- und Angstanfall geschüttelt; durch eine rigorose Selbstprüfung und eine Art Jüngstes Gericht über seine Freunde überwindet er ihn.

Franz fällt ihm als verlässlicher Freund ein, aber er meint, er sei zu weit weg. So entscheidet er sich für den Schulfreund Paul Röder und sucht diesen auf. Röders Familie lebt bescheiden und hat sich in den nationalsozialistischen Alltag gefügt. Dennoch bewährt sich Röder als Freund. Er hilft Georg und bringt sich und seine Familie in Todesgefahr. Georg findet Unterkunft und beschließt, nicht mehr planlos zu fliehen, sondern die Initiative zu übernehmen. (**Zerstörung des Kreises, s. S. 28 dieser Erläuterung**). Franz trifft sich mit Elli in der Markthalle und bringt ihr die dort gekauften Äpfel nach Hause.(**Umkehr des Sündenfalls: Rolle der Äpfel**) Elli meint, Georg sei in der Stadt. Beiden fällt bei ihren Vermutungen Paul Röder ein. (**Handlungsumschlag, Zentrum des Romans**)

5. Kapitel

Von Heislers drei Brüdern haben sich zwei der SA angeschlossen bzw. liebäugeln mit der SS. – Fritz Helwig ist beunruhigt, dass man ihm die Lüge mit der Jacke nachweisen könnte Trotzdem will er fest bleiben. – Röder bemüht sich um Georgs Flucht. Menschen, auf die er gesetzt hat, sind entweder ebenfalls im KZ (Schenk) oder halten ihn für einen Spitzel und verweigern sich (Sauer). Röder gerät selbst in Schwierigkeiten. Die Verstecksuche verläuft ergebnislos. Als Franz sich nach Georg erkundigt, Paul aber nicht weiß, wer sich erkundigt – hier berühren sich die beiden Handlungsstränge von Georg und Franz fast – bringt er Georg zu der Fuhrunternehmerin Katharina. Dort findet er für eine Nacht Unterschlupf. Aldinger kehrt problemlos in sein Dorf zurück und stirbt dort mit „einem Blick auf das Tal".

6. Kapitel

Die Lagerleitung des KZ gerät in Panik, da man Georg nicht findet. Elli wird von der Gestapo verhört. Sie, die Tochter des Tapezierermeisters Mettenheimer, könnte sich an Georg rächen, weil er sie und das Kind verlassen hat, aber sie schweigt über seine früheren Bekannten. Röder wendet sich an seinen Arbeitskollegen Fiedler, der die Verbindung zur Leitung der Widerstandsgruppe in der Illegalität herstellt und die notwendigen Papiere sowie Geld beschaffen will. Zillich ermordet Wallau an einem Samstag, am Montag „lief ein Zettel um in den Opelner Werken bei Mannheim, wo Wallau in alten Zeiten Betriebsrat war: Unser ehemaliger Betriebsrat, der Abgeordnete Ernst Wallau, ist am Samstag sechs Uhr in Westhofen erschlagen worden. Dieser Mord wird am Tag des Gerichts schwer zu Buche stehen."(S. 353) Röder übermittelt Georg die Nachricht, wie die Flucht weitergehen wird: zu Doktor Kreß, einem ehemaligen Chemielehrer an der Arbeiterabendschule. Der gewinnt Selbstvertrauen und findet durch seine mutige Tat wieder zu einem verständnisvollen Miteinander mit seiner Frau. Während Georg in Sicherheit gebracht wird, führt man Röder zum Verhör und Fiedler verschwindet in den Untergrund.

7. Kapitel

Hermann, ein Freund von Franz, hat Pass und Geld für Georg besorgt. Über Reinhardt und Fiedler, der seine Frau damit beauftragt, gelangt beides zu Georg. Röder ist inzwischen wieder entlassen worden.– Die gemeinsamen Bemühungen haben Erfolg.
Während im KZ Westhofen die Lagerleitung abgelöst wird, bringen die Kreß' Georg nach Mainz-Kostheim. Dort nimmt ihn eine Kellnerin die Nacht vor seinem letzten Fluchtabschnitt mit zu sich. Am nächsten Morgen wird er am Kasteler

Brückenkopf kontrolliert, aber sein Pass ist in Ordnung. Der Schleppkahn „Wilhelmine" wird ihn nach Holland bringen.

Epilog

Nochmals meldet sich der erste Erzähler. Die sieben Baumkreuze sind gefällt worden; es war eine Niederlage für die KZ-Lagerleitung. Eine neue Lagerleitung wird eingesetzt, der alte Lagerkommandant soll sich erschossen haben. Während sich der Erzähler erinnert, wie furchtbar „die äußeren Mächte in den Menschen hineingreifen können", kann er aber auch die Erfahrung vermitteln, „dass es im Innersten etwas gab, was unangreifbar war und unverletzbar." (S. 421) Mit dieser Botschaft, die gleichzeitig ein ethisches Vermächtnis der Flüchtlinge, des geretteten Georg Heisler und seiner Helfer ist, endet der Roman.

2.3 Aufbau

Bevor das 1. Kapitel einsetzt, gibt es einen einführenden Text und eine **Widmung.** Der einführende, in englischer Sprache geschriebene Text stand nur in der deutschsprachigen Erstausgabe von 1942. Er stammte nicht von Anna Seghers, sondern verwies auf sie, weil nur ein deutscher Schriftsteller und einer von der Größe Anna Seghers' ein solches poetisches Meisterwerk schreiben könne.[29] Die Widmung gilt den Antifaschisten Deutschlands und dankt der gemeinsamen Arbeit von Deutschen und Mexikanern, die die Veröffentlichung des Buches bewirkte.[30] Was als Roman erscheint, löst sich in **zahlreiche Einzelabläufe** auf, die durch die Flucht verbunden werden. Die Stationen der Flucht sind ein Gang vom Himmel in die Hölle, der Weg Heislers ist ein Weg aus der Hölle in die Freiheit. Der Gegensatz findet sich als Himmel, das ist das Bauerngut auf der Taunushöhe, von dem Franz Marnet hernieder und zu dem er wieder hinaufsteigt, und als Hölle, das KZ Westhofen, aus dem Georg Heisler flieht. In dieser gegenläufigen (reziproken) Entwicklung liegt ein Spannungselement des Romans. Die Romanhandlung wird durch einen **stationären Ablauf** organisiert. Dieser bewegt sich in zwei Richtungen: Die Stationen Franz Marnets führen vom Taunus vom Norden her auf den Main zu, zum anderen zielen die Stationen Heislers vom KZ Westhofen aus nordwärts auf den Main. Führt man die Indizien zusammen, wird der Roman der Anna Seghers zu einer Wanderung vom Himmel in die Hölle und von der Hölle zum

Widmung

Abfolge von Stationen

29 Der Text ist wieder abgedruckt in: *Das siebte Kreuz* (Spies), S. 425

30 Diese Widmung ist unterschiedlich veröffentlicht worden: Im vollständigen Wortlaut steht sie in *Das siebte Kreuz* (Spies), S. 5, verkürzt auf die Antifaschisten in: *Das siebte Kreuz* (Deutsche Volksbibliothek), S. 5

Himmel; er wird damit im weitesten Sinn zu einer **Variation von Dantes *Göttlicher Komödie*.**[31] Das Beispiel war der Seghers nicht fremd.

Das Beispiel der *Göttlichen Komödie* Dantes

Ihr Leben in Frankreich, also während der Entstehung des *Siebten Kreuzes*, empfand sie, wie sie 1940 an F. C. Weiskopf schrieb, als so schlimm, dass Dante, Dostojewski und Kafka dagegen Bagatellen beschrieben.[32] Das *Siebte Kreuz* war eine Art *Göttlicher Komödie*. Der Begriff der Komödie darf nicht irritieren: Er galt bei Dante für eine Dichtung, die nach ernstem Beginn hoffnungsvoll endet. Heisler bricht am Ende in die Freiheit auf und verlässt das nationalsozialistische Deutschland. Die Beziehung zwischen den Werken liegt aber um vieles tiefer, einmal im Traditionsverständnis der Anna Seghers, zum anderen in literarischen Analogien.

Es war von Anna Seghers in ihrem Roman sehr viel genaues Material verarbeitet worden. Zu ihren **ästhetischen Prinzipien** gehörte es, die Vorbildhaftigkeit von Literatur als Möglichkeit zu nutzen, auch nicht Selbsterlebtes gestalten zu können. Für sie seien dabei maßgebend gewesen Tolstoi, Balzac, Dante, Shakespeare, Büchner, Heine, Brecht, Scholochow und Homer.[33] Noch 1973 bestätigte sie dieses Prinzip. Sie gab Beispiele, wo der Roman, das Epische lebendig geblieben sei. Wiederum wurde Dante neben anderen genannt. Dantes *Göttliche Komödie* gehörte für Anna Seghers zum Repertoire vor-

31 Dantes *Göttliche Komödie* (entstanden 1307 bis 1321) wurde mehrfach genutzt, um mörderische Weltereignisse zu gestalten. Bei Anna Seghers wird das KZ Westhofen zur Hölle, der slowenische Regisseur Tomaz E. Pandur inszenierte am Nationaltheater in Maribor (1994) und am Thalia-Theater Hamburg (2000) Dantes *Inferno (Hölle)* aus der *Göttlichen Komödie* als Parabel auf den Balkan der Gegenwart.

32 Anna Seghers an F. C. Weiskopf, 23. November 1940. In: Frank Wagner, Ursula Emmerich, Ruth Radvanyi (Hg.): Anna Seghers. Eine Biografie in Bildern. Mit einem Essay von Christa Wolf. Berlin und Weimar: Aufbau-Verlag, 1994, S. 104

33 Anna Seghers: *Über Kunstwerk und Wirklichkeit.* Band 1 (Bd. 3 der deutschen Bibliothek), Berlin. Akademie-Verlag, 1970, S. 254

bildhafter Literatur. Sein *Inferno* war ihr abrufbar. Als sie 1965 in Weimar auf einem internationalen Schriftstellertreffen sprach, fand sie wieder den Vergleich mit Dante:

> *„Hätte die Befreiung nicht stattgefunden, dann wären wir in einer Abteilung der Hölle, die zwar nicht von Dante, aber Bert Brecht beschrieben hat: in der Abteilung der verlorenen Schriftsteller …*[34].

Entsprechungen zwischen den beiden Werken sind deutlich, wenn sie für ein Verständnis des Romans auch nicht zwingend bekannt sein müssen. Werden sie aber aufgenommen, erweist sich der Roman nicht nur als die Schilderung nationalsozialistischer Verbrechen und des Versuchs, vor ihnen zu fliehen, sondern als Ausstellung faschistischer Pervertierung, die zum Animalischen und Teuflischen tendiert, und des dagegen gesetzten Versuchs, Menschlichkeit zu bewahren.
Dantes Wanderung durch Hölle, Fegefeuer und Paradies vollzieht sich in der Hälfte eines Menschenlebens, Heisler ist an dieser Stelle, ein Dreißiger. Dante wandert sieben Tage von der Hölle in das Paradies, Heisler flieht sieben Tage aus der Hölle. Als Dante seine Wanderung im Totenreich beginnt, steht er am Talrand vor dem „qualenvollen Abgrund", in dessen Tiefe „nebelhaft die Luft" ist.[35] Der Erzähler im *Siebten Kreuz* sieht „das freie, sacht abfallende Land", dessen Grund im Nebel liegt (1.1.). Dante und Virgil gehen hinunter zu der Hölle, dem ersten Kreis. Im *Siebten Kreuz* fällt das Land zum Grund, in dem das KZ liegt, in „weitatmigen Wellen". Die schlimmsten Sünder, denen Dante begegnet, sind in den untersten, dem siebten bis neunten Kreis, die schlimmsten Verbrechen im *Siebten Kreuz* geschehen am Grunde des Tals.

---

34 Anna Seghers: *Ansprache in Weimar*. In: Aufsätze, Ansprachen, Essays 1954–1979. Berlin. Aufbau-Verlag, 1980, S. 300

35 Dante Alighieri: *Göttliche Komödie*. Übersetzt von Karl Streckfuß. Leipzig: Reclam, 1876, S. 25

Der 7. Kreis der Hölle

Um das KZ Westhofen werden „drei konzentrische Kreise" (S. 29) geschlagen, um die Flüchtigen einzufangen. Bei Dante besteht der 7. Kreis der Hölle aus drei Ringen, in denen Gewalttätige wie Mörder, Räuber und Tyrannen hausen und in einem siedenden Blutstrom stehen.[36] Bei Dante sind es Schuldige, die ihre Strafe finden. Bei Anna Seghers sind es die Herrscher über die Blutströme, die dort regieren. In den engsten Ringen herrscht in beiden erstickender, „watteartiger Nebel" (1.3. im *Siebten Kreuz,* S. 23) und „feuchter Dampf, den Bach umnebelnd" (15. V. 2 f. in der *Göttlichen Komödie*). Das Wort **„Kreis"** ist in Anna Seghers' Roman eine Drohung und wird zum Teufelskreis: Drei Kreise werden um das KZ gezogen, die „Umkreisung" bedeutet Bellonis Ende (2.4., S. 109), für Georg wird die Stadt ein „Kreis", wenn man in ihn gerät, „war er schon halb verloren" (2.5., S. 113) und anderes. Heisler gerät auf der Flucht zu den Toten: Als er sich zu einer Hure flüchtet, hat diese ein „Totengesicht"; mit ihr gerät er auf einen Platz, der wie ein von einem Kind gemalter „Kreis" aussieht (S. 203). Vor seinen Augen wird eine „ungeheure Schönheit" plötzlich hässlich, seine Begleiterin erscheint wie mit einem „Totenkopf" usw. Es ist eine höllische Szene, in der sich schließlich nur noch „Schatten" bewegen, in des Wortes doppelter Bedeutung, auch der Spitzel ist ein „Schatten". Es ist fast Georgs Ende. Auf dem Höhepunkt der Flucht, als Heisler die Initiative übernimmt und sich nicht mehr planlos treiben lässt, nutzt er einen „Kreis" auf dem Wachstuch der Röders, um sein Bierglas „wie einen Stempel" hineinzudrücken und zu verkünden: „Komme, was da kommen mag."(S. 243). **Der Kreis bedeutet im Roman Hölle und Vernichtung**, aus

---

36 Vgl. Konrad Falke: *Dante*. München: C. H. Beck'sche Verlagsbuchhandlung, 1922, S. 485

ihm auszubrechen wird zum Weg in die Freiheit. Georg Heisler entschließt sich bei den Röders zu diesem Weg, nachdem er zuvor ein Getriebener war. Das **Zeichen der Befreiung wird das Dreieck**, das Gemälden mit dem Auge Gottes ähnelt, mit dem auch die Vögel in der Höhe ziehen, „ein spitzes, schwarzes Dreieck" (7.6., S. 413). Wallau, der Planer der Flucht, hat „dreieckig" aus der Stirn gewachsenes Haar (S. 188). Eine Au, ähnlich Georgs erstrebtem Ziel, erscheint als „Dreieckchen" (S. 163). Der Lagerkommandant Fahrenberg meint, zwischen den drei Städten Mainz, Frankfurt und Wiesbaden habe ein Netz bestanden, in dem sich Heisler hätte fangen müssen, aber es war „ein dreieckiges Netz", das Heislers Flucht nicht verhindern konnte (7.6., S. 418). – Die tödlichen Kreise im Tal und die Erlösung in der Höhe, verbunden mit einem in den Himmel reichendem Dreieck „KZ – heimatlicher Hof – Sonne", stehen sich im 5. Kapitel gegenüber: Aldinger (5.3.) will nur nach Hause; er durchquert die Kreise auf einer Gerade von Westhofen nach Buchenbach und orientiert sich an der Sonne. Er kommt, entgegen aller Vermutung, bei seinem Dorf an. Von der Höhe („Aldinger war jetzt oben angelangt."), die ihm die Freiheit bedeutet, blickt er „auf das Tal", über das „ein tiefer Schatten" fällt. Er erlebt auf der Höhe die letzte Freiheit, den Tod (S. 294 f.). Damit ist Fahrenbergs Plan zerstört: Der Tote ist im Licht, in einer „kühlen, gestrengen Helligkeit"(S. 295) und in einer Freiheit angekommen, die ihn nicht mehr an das sechste, für ihn vorgesehene Kreuz bringt. Es „zog der Nebel auf den verfluchten Ort"(S. 297). – In der Georg-Büchner-Preis-Rede auf Anna Seghers betonte Kurt Heyd, dass das *Siebte Kreuz* im

„Dreieck zwischen Worms, Mainz und Frankfurt" spiele und dafür etwas Besonderes bedeute: „Wir spüren die unendliche Liebe der Dichterin zu ihrer deutschen, zu ihrer hessischen Heimat."[37]

An anderer Stelle wurde dieses „Dreieck" zwischen Mainz, Wiesbaden und Frankfurt gesehen.[38]

Die Entsprechungen und die besondere **Bedeutung der Kreise und Dreiecke, Tiefen und Höhen** im Roman können Zufall sein. Vielleicht ist es die unbewusste Verwendung aufgenommener Muster oder die bewusste Anwendung eines Modells. Wem die Entsprechungen auffallen, der wird die Parallelen deuten und Anna Seghers' Roman über das nachvollziehbare zeitgenössische Bezugssystem hinaus auf grundsätzliche Gegensätze des Bösen und Guten, des Barbarischen und des Menschlichen, des Verbrecherischen und der Nächstenliebe auflegen. Das Beispiel der *Göttlichen Komödie* erleichtert ihm diese Bemühung. Die Gegensätze von Tal und Berg, Nebel und Sonne sind durchgehend im Roman vorhanden.

Der Erzähler

Ein **Erzähler** ist stets ahnbar; sein geradezu schwebender Zustand gehört zu dem Modernsten der Erzählliteratur. Er eröffnet den Roman, auch wenn er als Individuum kaum fassbar ist. Er beschreibt sich als Häftling: „Das erfuhren wir alles viel später." (S. 9) und tendiert „zu der Position, die im epischen Rahmen als die Perspektive des Wir der KZ-Häftlinge formuliert ist"[39]. Erzählspezifisch ist für ihn im Eröffnungssatz das Wort „merkwürdig" statt des sonst von Anna Seghers verwendeten

37 Kurt Heyd: Rede auf Anna Seghers anlässlich der Überreichung des Georg-Büchner-Preises. In: Argonautenschiff Nr. 7, 1998, S. 52

38 Wagner, 1975, S. 125

39 Bernhard Spies: *Anna Seghers: Das siebte Kreuz.* (Grundlagen und Gedanken zum Verständnis erzählender Literatur) Frankfurt am Main 1993, S. 54

„sonderbar": „Vielleicht sind in unserem Land noch nie so merkwürdige Bäume gefällt worden wie die sieben Platanen auf der Schmalseite der Baracke III." (S. 9) Aber auch das Wort „sonderbar" ist im Umkreis des Romans vorhanden, mit dem Anna Seghers alles Phantastische, Unerklärliche und Außergewöhnliche benennt, bis hin zu ihren *Sonderbaren Erzählungen*. In einem Interview beschrieb sie den Ausgangspunkt des Romans als „sonderbare Begebenheit – ich sage sonderbar und schrecklich zugleich"[40]. – Der Erzähler ist bei Anna Seghers vielschichtig. Sie wechselt zwischen **personalem Erzählen** aus der Sicht der Figur, dem **inneren Monolog** und der **erlebten Rede**, also den Möglichkeiten der personalen Erzählsituation. Eingeschaltete Wörter stören diese Eindeutigkeit und lassen einen auktorialen Erzähler (allessenden Erzähler; von „auctor" = Anstifter, Urheber) ahnen, der sich konspirativ verhält: Zu Beginn (1.1.) erklärt er dem Leser „ein *gewisser* Franz Marnet" und „Vielleicht wird man *später* nicht verstehen, wieso Franz vergnügt sein konnte".

Simultane Szenen und Zeitebenen

Eines der auffälligsten Merkmale der Texte Anna Seghers ist ihre **Simultanität**. Die Reihung der Episoden erfolgt nicht nach dem zeitlichen Verlauf, sondern ein Abschnitt kann gleichzeitig mit einem früheren liegen und sogar auf frühere Teile des Geschehens zurückführen. Das ist eine Besonderheit der Seghers'schen Texte. Die an den Film erinnernde Art des Erzählens hatte sie bei John Dos Passos gefunden und übernommen. Was bringt die simultane Anlage mit sich? Die Schriftstellerin bietet geschlossene epische Tex-

40 Anna Seghers: *Glauben an Irdisches. Essays aus vier Jahrzehnten.* Hg von Christa Wolf. Leipzig: Reclam, S. 367

te, die von einem erkennbaren Erzähler verantwortet werden. Er ist in den Romanen der Seghers oft in den ersten Worten der Kapitel oder gar des gesamten Werkes beteiligt. Der Roman ist so kunstvoll geordnet, auf mythologische Muster bezogen und mit Symbolen durchzogen, dass formale Experimente sich unterordnen. Die Ordnung der Szenen und Episoden ähnelt der bei John Dos Passos, dessen Modernität sie als vorbildhaft empfand. Sie ließ wie er die Szenen nicht traditionell chronologisch ablaufen, sondern montierte sie simultan und organisierte durch Zeitangaben oder Zeitrelationen ihre Beziehung zueinander. Es bestehen drei **Zeitebenen** im Roman:

sieben Tage der Flucht samt der Erinnerung an die Zeit davor

die Rahmenhandlung nach der Flucht

die später liegende Zeit des Erzählers (Kennzeichen: das Wort „später").

Die Szenen können parallel zueinander ablaufen („an diesem Dienstagmorgen"2.3., „inzwischen" 3.2.), sich nacheinander chronologisch vollziehen („Heinrich Kübler war noch in derselben Nacht zur Gegenüberstellung nach Westhofen abtransportiert worden." 3.1.), kontrastierend gegeneinander stehen („Währenddessen" 2.2.), simultan gleichzeitig („um diese Zeit" 3.2.) oder als Rückblende („Wann hatte er Georg kennen gelernt?" 1.8.) sich ergänzen. Spätere Ereignisse werden vom Erzähler in frühere Vorgänge einmontiert. Als Wallau wieder eingeliefert wird, erzählt „später einer von diesem Morgen" (3.2) und vergleicht das Ereignis vom Herbst 1937 mit Ereignissen des Jahres 1939, also des Entstehungsjahres (Fall Barcelonas, Einzug Francos in Madrid am 28. 3. 1939). **Zeitangaben**, die meist an den Abschnittsanfängen ein erstes Mal stehen, sind für den Leser wesentlich, um sich zu orientieren und die mehr als 140 episodischen Szenen der sieben Kapitel und 44 Abschnitte, die von zwei Teilen einer Rahmenhandlung umgeben werden, in einen nachvollziehbaren Ablauf zu bringen, an dessem Abschluss das Ende der Flucht stehen muss.

> *„Die Zeitschichtung erzwingt in der Rezeption ein stetes, vervielfältigendes Unterbrechen und Neuansetzen. Da aber zugleich die Spannung auf die Fortsetzung des Geschehens gerichtet ist, wird eine eigenartige Vieldimensionalität im Kontinuum der Aufnahme erzeugt."*[41]

---

41 Dieter Schlenstedt: *Anna Seghers' Roman Das siebte Kreuz*. In: Manfred Naumann, u.a.: Gesellschaft. Literatur. Lesen. Literaturrezeption in theoretischer Sicht. Berlin und Weimar: Aufbau-Verlag, 1973, S. 401

2.4 Personenkonstellation und Charakteristiken

Das Figurenensemble wird durch den Ablauf der Flucht bestimmt. Gleichzeitig entsprechen die verschiedenen Personen verschiedenen Verhaltensweisen im Nationalsozialismus und unterschiedlichen inneren Befindlichkeiten: Angst, Misstrauen, Vorsicht, Hilfsbereitschaft usw. Außer dem Personenverzeichnis, das 32 Personen umfasst, treten noch mehr als 100 Personen handelnd auf. Diese Fülle, die überschaubar bleibt, ist nicht immer durch individuelle Eigenschaften sondern auch durch soziale Attribute wie Berufsbezeichnungen („Brauereifahrer" 1.7., S. 58), Arbeitseinstellungen („weil er ganz und gar Arzt war" 2.4., S. 101), Wertungen („den schlechtesten von meinen Söhnen" 1.6., S. 50) und Arbeitsvorgänge („ein Schöpflöffel Futterbrühe verkleckert" 5.2., S. 268) gegliedert. Die Figuren der Flüchtlinge und Widerstandskämpfer gruppieren sich um Franz Marnet:

Wallau, Heisler, Röder – Marnet – Hermann, Fiedler, Anton Greiner

Ausführlicher behandelt werden nur einige wenige Figuren; andere lassen sich oft durch die einzelne Wertung treffend charakterisieren.

Georg Heisler

Er tritt als erster Flüchtling vor den Leser. Auch wenn er unter den Häftlingen als stark und verlässlich gilt, ist er doch keine Lichtgestalt. Seinem Freund Franz hat er die Freundin weggenommen, um sie, nach kurzer Ehe und schwanger, sitzen zu lassen. Unter den Freunden gilt er wegen seiner schnellen Wechsel von Freundschaften als „unberechenbar" (S. 241).

Er ist ein Abenteurer und Weiberheld; er zeigt Züge von Verantwortungslosigkeit. Aber er trägt auch einen Heiligennamen, den des christlichen Soldaten und Drachentöters Georg, der als einer der vierzehn Nothelfer verehrt wird. Als „Drachentöter" wird auch Bunsen bezeichnet. Der Verbrecher Bunsen und der Abenteurer Georg sind Gegner. Der Drachentöter Bunsen bedient sich eines mörderischen Vernichtungssystems, um Andersdenkende auszulöschen. Georg hat menschliche Schwächen, denen er folgt, aber er will dem Menschheitsglück dienen. Sein Ziel ist, wäre er frei, Spanien, auch wenn er dort ähnlich lebensbedroht wäre wie im KZ, „doch wär mir dort ganz anders zu Mut" (S. 384), denn dort könnte er eine Volksfrontrepublik[42] verteidigen. Der Spanische Bürgerkrieg ist eine wichtige Orientierung im Roman und die Teilnahme ein Ziel der Antifaschisten. Leitmotivisch kehrt das Thema im Roman wieder. Heisler in seiner moralischen Vielschichtigkeit steht für die Volksfrontpolitik zur Verfügung, die Anna Seghers beschwor, Wallau in seiner fundamentalen politischen Haltung weniger. Das entspricht dem Anliegen der Schriftstellerin, einen Querschnitt durch die sozial-politischen Schichtungen in Deutschland geben zu wollen, „die ganze Struktur eines Volkes" aufzurollen.[43] Das gelang nur zum Teil, denn die Machthaber und politischen Repräsentanten fehlen ebenso wie die Vertreter der Wirtschaft. Insofern wurde der Roman *Die Toten bleiben jung*, der diese Struktur bediente, eine wichtige Ergänzung zum *Siebten Kreuz*.

Georg zwischen Schwächen und Zielen

---

42 Die Auseinandersetzung Anna Seghers' mit der Beziehung zwischen Kommunisten, Sozialdemokraten und anderen Antifaschisten kann man in den früheren Werken wie *Der Kopflohn* (1933), *Der Weg durch den Februar* (1935), *Die Rettung* (1937) und einigen Erzählungen finden.

43 Anna Seghers: *Glauben an Irdisches. Essays aus vier Jahrzehnten*. Hg von Christa Wolf. Leipzig: Reclam, S. 367

Heisler ist keine Symbolgestalt des antifaschistischen Widerstandskampfes, vielmehr ist er ein Ergebnis desselben. Nicht dass die Flucht gelingt, ist der eigentliche Inhalt, sondern wie viele diese Flucht unterstützten. Sie sind als Ensemble die literarischen und wirklichen Helden des Romans.

Franz Marnet[44]

Er geht zurück auf einen Freund der Familie Seghers, der anwesend war, als die Kinder an der Grenze abgeholt und nach Frankreich gebracht wurden.[45] Franz Marnet ist neben Georg Heisler die wichtigste Figur im Figurenensemble.[46] Da er sich unspektakulär bewegt und zudem noch aus dem „Paradies", der Höhe und Geborgenheit, der Sicherheit des Gehöfts seiner Verwandten kommt, wird das oft übersehen. Franz bemüht sich um Hilfe für Georg und tangiert die laufenden Unterstützungen. Er wirkt wie ein schützender Begleiter des flüchtigen Georg.- Franz ist unverheiratet. Er wird als sehr ruhig und besonnen eingeführt, kann sich an kleinen Dingen des Alltags erfreuen (dem „liebsten Wegstück"), ist durch „starke, einfache Lebensfreude" geprägt und fühlt sich Land und Leuten zugetan.

Franz als Georgs Gegenpol

Franz ist deutlich ein Gegenpol zu Georg. Beide sind gleichaltrig, etwa 30 Jahre zu Beginn der Flucht; beide haben eine intensive gemeinsame politische und private Vergangenheit, die zehn Jahre zurückliegt. Beide sind etwa 1923 aus der Schule entlassen worden. Durch diese Ähnlichkeit werden die Unterschiede deutlicher: Es werden zwei Wirklichkeiten von Antifaschisten gegenübergestellt, die unterschiedlicher nicht sein können.

44 Zu Franz Marnet gibt es eine detaillierte Beschreibung von Rezeptionsvorgabe und Ergebnis: Dieter Schlenstedt: *Anna Seghers' Roman Das siebte Kreuz*. In: Manfred Naumann, u.a.: Gesellschaft. Literatur. Lesen. Literaturrezeption in theoretischer Sicht. Berlin und Weimar: Aufbau-Verlag, 1973, S. 381–418

45 Anna Seghers: *Sechs Tage, sechs Jahre. Tagebuchseiten*. In: Neues Deutschland 1984, 9, S. 5

46 Vgl. dazu Wagner, 1975, S. 129 ff.

Georg	**Franz**
vor der Romanhandlung 1923–28	
schön und stark, aufrechter Gang	„schäbiger Franz vom Fußballplatz" (S. 66)
vernarrt in Fußball und Jiu-Jitsu	„schlechter Fußballspieler" (S. 66)
Schüler von Franz im Fichte-Ferienlager	Lehrer von Georg im Fichte-Ferienlager
zieht zu Franz, der allein lebt	nimmt Georg auf, der in großer Familie lebt
kommt ohne Bücher aus	leidenschaftlicher Leser, eigene Bücher
nimmt Franz 1928 die Freundin weg	liebt die Freundin 1937 immer noch
im Roman 1937	
Flucht in eine fremde Welt	Leben in idyllischer Geborgenheit
einsam auf der Flucht, heimatlos	in geordneter Situation, gewöhnliches Glück
„ein Tier, das in die Wildnis ausbricht, (S. 23)	„mit ruhigen, ... fast schläfrigen Zügen", „starke einfache Lebensfreude" (S. 11)
ohne planbare Bindungsmöglichkeiten	eingebunden in Arbeit, Dorf und Verwandte
flüchtige, zufällige Begegnungen	gesuchte und gewollte Begegnungen

fremd in der Landschaft	heimisch in der Landschaft
orientierungslos	planmäßig
ausgestoßen aus dem Alltag	integriert in den Alltag
ohne Bindung zur Illegalität	Verbindung zur Illegalität
oft Traumsituationen	sucht Zeichen in der Wirklichkeit
bricht allein in die Zukunft auf	findet eine neue Partnerin: Lotte

Leser

Georg weiß gegenwärtig nichts von Franz	Franz weiß gegenwärtig nichts von Georg

Der Leser weiß alles von beiden und hat deshalb die Überschau, lebt aber auch in der Spannung, wie beider Geschichte endet.

Beider Geschichte wird parallel eröffnet: Franz fährt vom Berg ins Tal zur Arbeit und erfährt von der Flucht (1.1.), Georg ist aus dem KZ ausgebrochen und versucht, dem „Nebel" im Tal (der Hölle) zu entkommen (1.3.). Beider Geschichten werden auch parallel geschlossen: Franz bricht am Ende mit Lotte, die er wiedergefunden hat, und deren Kind zur Höhe auf (7.4.), zum „Ende von allem, wo die Wolken herauskamen und der Wind" (S. 408). Dass er dabei in eine Art **Abendmahlsituation** bei den Marnets tritt, verstärkt die Besonderheit des Aufstiegs: „Um den Tisch herum saß die ganze Familie mit allen Gästen." (S. 400) Einmal im Jahr nach der Apfelernte geschah das. Als Franz mit Lotte dort eintrifft, sitzen noch alle

„um den leeren, sauber gescheuerten Tisch" (S. 408). – Heisler dagegen betritt den tiefsten Punkt. Das aber ist nicht mehr die Hölle, sondern der Fluss, das Symbol für Bewegung. Auf ihm liegt das Schiff, das ihn von der Hölle wegbringen wird (7.6.).

Ernst Wallau

Er ist der geistige Vater der Flucht. In schwierigen Situationen berät sich Georg fiktiv mit Wallau und folgt dem, wie der sich verhalten hätte. Wallau hat den Ersten Weltkrieg erlebt und an den Kämpfen in Mitteldeutschland teilgenommen. Seine fast lückenlose Biografie entsteht durch das Verhör, das Overkamp mit ihm führt. Es ist eine politische Biografie: Dem Spartakusbund im Oktober 1918 beigetreten, KPD, Bezirksleiter der Partei, Betriebsrat und Abgeordneter. – Wallau stellt für Heisler eine Art Vaterfigur dar. In Georg sah Wallau alles, was ihm im Leben teuer war. Dadurch entscheidet sich auch die Frage nach der Gewichtung der beiden Figuren im Roman: Heisler dominiert dadurch, dass er und nicht Wallau entkommt. Aber das Verhältnis der beiden Figuren ist noch komplizierter und spannender. Wallau bekommt als einzige Figur im Roman ausschließlich eine politische Biografie, in die auch seine Frau und Schwester einbezogen werden, die die Flucht unterstützten. Als politischer Kopf ist Wallau vorbildlich und konsequent. Eine private Kontur bekommt er nicht. Er wird als „hässlich", fast abstoßend beschrieben (S. 188). Heisler ist deutlich anders gezeichnet; die Frauen flogen auf ihn. Vor der Haft war er „schön und stark", mit „aufrechtem" Gang (S. 67). Er ist eine schillernde Gestalt. Nur zufällig kam er zu seiner Funktion – die anderen waren verhaftet worden (S. 74), selbst seine Flucht und Rettung hat Zufälliges und wurde „nur zufällig eine Woche lang auf den Namen Georg

Wallaus politische Biografie

getauft" (S. 377). Anna Seghers hat Wallau und Heisler als „durchschnittliche Menschen" bezeichnet.[47] Es entkommt jedoch nicht der politische Denker und geistige Träger der Flucht, sondern der moralisch zwiespältige Heisler. Wallau setzt trotzdem auf ihn alle Hoffnung. Es klingt dadurch kritische Distanz der Seghers an rigorosen Politikern wie Wallau an, begleitet von Sympathien für den höchst menschlichen, makelbehafteten Menschen. Selbst Wallau bekennt sich zu dem schillernden Charakter: „**Alles** (Hervorhebung nicht im Original) an diesem jungen Georg war mir teuer."(S. 192) Alles, was ihm „im Leben teuer war, fand ich an diesem Jungen wieder". Aber hatte Wallau auch leben können, was ihm teuer war? Das kann als Bedauern gelesen werden, nicht selbst so gewesen zu sein. Es wäre eine zusätzliche Erklärung, warum Heisler die Flucht gelingt, dem durchaus fehlerbehafteten Menschen, und nicht Wallau, dem fehlerlosen Politiker und politischem Denker.

Paul Röder

Er ist die wichtigste Figur in der Rettungsaktion für Heisler. Beider Freundschaft war gescheitert, weil den Röders Georgs Entwicklung fremd geblieben war. Paul hat sich nach anfänglicher politisch geprägter Haltung auf eine unpolitisch-opportunistische Haltung zurückgezogen, lebt mit seiner Familie in Ruhe und Frieden und nimmt die vom Nationalsozialismus gebotene Unterstützung für Kinderreiche, Urlaubsreisen und anderes bereitwillig entgegen. Dabei interessiert ihn nicht, dass er seinen Lohn für Kriegsmaterial bekommt, das die deutschen Faschisten in Spanien gegen die Volksfrontregierung einsetzen. Bestätigt sieht er sich durch die Fehlentwicklung, die in Moskau stattgefunden hat. Die Seghers bringt

47 Anna Seghers: *Interview mit John Stuart (1943)*. Dt. in: Stephan, Alexander: „Ein Exilroman als Bestseller". Exilforschung. Ein internationales Jahrbuch, Bd. 3, 1985, S. 253

über diese Figur die Moskauer Prozesse von 1937 ein. – Röder leistet Heisler die entscheidende Hilfe, obwohl er dadurch seine Situation und seine Familie in große Gefahr bringt. Er ist ein wahrer Freund und von selbstloser Hilfsbereitschaft.

Zillich

Der SA-Scharführer tritt auch in anderen Werken auf. Zillich bekommt so eine geschlossene Biografie (vgl. *Der Kopflohn, Das Ende*)[48]. Er ist ein Alter Kämpfer, seine Familie ist kinderreich und nichts ist ihm angenehmer als der Krieg. Seinen Hof lässt er verwahrlosen, er interessiert ihn nicht. Das war schon 1918 so: Als er „nach dem Krieg im November 18 auf seinen verwahrlosten Hof" zurückkam (6.7.), konnte er sich nicht an den Frieden gewöhnen. Er kann sich nie an Frieden gewöhnen, wie die seine Biografie abschließende Erzählung *Das Ende* (1945) zeigt. 1933 wurde er aus dem Gefängnis befreit, in das er wegen des Mordes an einem Arbeiter gekommen war. Für die Nazis wurde er ein willfähriges Werkzeug.– Nach dem KZ Westhofen hatte er zuletzt „im Lager Piaski in Polen"[49] gedient; in diesem Lager – in der Erzählung *Das Ende* durchgängig genannt – war Anna Seghers' Mutter ermordet worden. – Zillichs auffallendes Merkmal ist, „obdachlos" zu sein. (Vgl. dazu S. 50)

Der Schäfer Ernst

Junge Leser haben mit dieser Figur Schwierigkeiten.[50] Das ergibt sich daraus, dass Ernst mit der Flucht nichts zu tun hat und sich nicht an der Jagd beteiligen will, dennoch immer wieder in der Handlung auftritt. Er ist dabei an keine Station gebunden wie die anderen, sondern lebt auf seiner Höhe eine

48 Stephan 1997, S. 94 ff., 180

49 Anna Seghers: *Das Ende*. In: Der Bienenstock, Bd. 2, Berlin: Aufbau-Verlag, 1963, S. 13

50 Vgl. Elsner, S. 76 und 168 f.

bukolische Idylle, die der größtmögliche Gegensatz zur Flucht Heislers ist. Zwar sind ihm die Zeitverhältnisse nicht gleichgültig und er weiß sich ihnen zu entziehen - unter Verweis auf ins Mythische reichende Traditionen -, aber er ist eine Figur, die aus mythischen Räumen in die Gegenwart eingetreten ist. Er stammt „aus einer dunklen Vorzeit" (2.6.), das macht es ihm möglich, „ruhig" zu blicken, in Herrscherpose („Eine Hand in die Hüfte gestemmt" 2.6.), wie „ein Heerführer" (6.6.), „freudig hochmütig" wegen seiner Dauer und seiner Macht. Seine Mutter hat „etwas Hexenhaftes" (7.1.). Der Dramatiker Carl Zuckmayer meinte, er stehe wie von Dürer gezeichnet.[51] Der Schäfer ähnelt einem Halbgott, mindestens einem antiken Herrscher oder Königssohn wie Paris. Befragt nach Ernst sagte die Schriftstellerin: „Es gibt viele seiner Art in seiner Gegend. Eine tiefe, geheimnisvolle Bedeutung in ihm zu suchen, wäre ganz falsch."[52] Das ist eine typische Empfehlung der Schriftstellerin, die auf ein möglichst breites Verständnis und unterschiedliche Rezeptionsmöglichkeiten zielt. Wer die mythische Ebene nicht erkennt, soll dennoch den Roman unbeschwert lesen können; er bekommt die Absichten der Schriftstellerin über die Handlung vermittelt. Wer diesen Ernst als eine besondere Figur annimmt, - schließlich führt er sein Geschlecht bis in die sagenhafte Zeit des Domgründers Willigis zurück[53] -, gelangt zu einem breiteren Geschichtsbild und wird mit Hinweisen und Anmerkungen etwas anfangen können. Wer aber die andere Dimension, **die mythischen Elemente der Figur** erkennt (s. Erläuterung S. 92 ff.) und damit den Roman in europäische Zusammen-

Ernst kommt aus mythischen Zeiten und Räumen

51 Carl Zuckmayer: *Gruß an Netty Reiling.* In: Kurt Batt (Hg.): Über Anna Seghers. Ein Almanach zum 75. Geburtstag. Berlin und Weimar: Aufbau-Verlag, 1975, S. 28

52 Anna Seghers: *Briefe an Leser.* Berlin und Weimar: Aufbau-Verlag, 1970, S. 31

53 „In meiner Familie ist das Schäferhandwerk erblich seit den Tagen von Wiligis." (1.5., S. 43)

hänge der Zivilisationsgeschichte stellen kann, bedarf der Hinweise nicht. Dass Anna Seghers in dieser Zeit sehr wohl Mythisches benutzt, beweisen die Erzählungen *Sagen von Artemis* (1938) und *Die drei Bäume* (1940). Der Roman *Das siebte Kreuz* entstand parallel mit Texten zu mythischen Themen. Sie haben etwas Zeitloses, Dauerndes und Ewiges an sich; darin liegt auch fortwährende Hoffnung, die zudem auf überkommene geistige Entwürfe, wie sie Homer, Dante und die Bibel bieten, gegründet ist. Ernst ist solch eine mythische Erscheinung, der mit seiner Herde den Eindruck erweckt, als könne er „die ganze Welt" umgruppieren (6.6.).
Anna Seghers räumte Ernst eine besondere Stellung ein: Er steht sowohl zeitlich als auch räumlich über den Vorgängen. Sprachlich weist die Schriftstellerin das durch demonstrative Hinweise aus. Würde ein Satz normalerweise lauten „Als Franz in Marnets Küche kam, saß Ernst der Schäfer an Marnets Küchenherd", ändert die Seghers ihn „Als Franz in Marnets Küche kam, da saß Ernst der Schäfer an Marnets Küchenherd" (3.1.).

2.5 Sachliche und sprachliche Erläuterungen

Die folgenden Erläuterungen sind relativ ausführlich. Das erklärt sich mit der Verankerung des Roman in seiner Zeit. Er ist „die gültige epische Aussage über das Leben der Werktätigen in jenen Zeiten“[54]. Als er entstand und erschien war er ein Gegenwartsroman. Seine Gegenwart wurde, wegen der Verbrechen der Faschisten, weder traditionell fortgesetzt noch als Bezugspunkt heutiger Biografien gepflegt. Dadurch sind Organisationsformen und zeitbedingte Institutionen vergessen worden. Die politische und geistige Bedeutung des Romans erschließt sich, wenn der Heldenmut der KZ-Flüchtlinge und ihrer Helfer mit dem faschistischen Vernichtungssystem konfrontiert werden kann. Aus diesem Grunde sind ausführliche Anmerkungen notwendig. Es wird weiterhin auffallen, dass die Sacherläuterungen gegen Ende hin deutlich abnehmen und für das 6. und 7. Kapitel kaum relevant sind. Das hat mit der Meisterschaft der Autorin zu tun, alle Informationen zuvor in die Handlung eingegeben zu haben, um nun die individuellen Entscheidungen dominieren zu lassen, also die eigentlich literarischen Vorgänge.

Titel: Die mythische Zahl Sieben vereinigt das Drei-Symbol des Göttlichen und das Vier-Symbol der Erde. Daraus entsteht die Mondphase von sieben Tagen. Man denke auch an die sieben Arme der jüdischen Menora; die sieben Todsünden usw. Kreuz: Kreuz Christi, Kreuz als ausdrucksstärkstes Symbol der Kirche, aber auch keltisches Kreuz als Zeichen der Sonne usw.

---

54 Wagner, 1975, S. 143

Roman: epische moderne Großform, die sich erst seit dem 17. Jahrhundert entwickelte, also spät in das literarische Ensemble eintrat. Kommt von: Dichtung in romanischer Sprache.
Hitlerdeutschland: Der Roman erschien zuerst im Ausland. Insofern war der Zusatz wichtig für Handlungsort und -zeit: Es war das Deutschland, dass mit seiner Politik auf Vernichtung setzte, mit seinem barbarischen Krieg die Welt seit 1939 in Atem hielt, dessen Judenverfolgung weltweit bekannt und dessen „Führer" Adolf Hitler war.
Personenverzeichnis: für einen Roman ungewöhnlich, ermöglicht jederzeit Überblick über die Figuren der einzelnen Stationen und lässt Beziehungen erkennen, vor allem für Georg (Freunde, Freundin, Frau, Schwiegervater), der dadurch bereits hier als Hauptperson erkennbar ist. Es wurde nur ein Teil der Personen aufgenommen.

Erstes Kapitel:
Vielleicht (S. 9): Es stellt sich ein auktorialer Erzähler vor, der seinen Bericht Jahre nach den Ereignissen niederschreibt. Text wird wie ein Prolog abgehoben. Der Erzähler ist Deutscher („in unserem Land"), Opfer und Häftling im Lager („in Reih und Glied", „Sträflingskleider") und überlebt die Ereignisse („Das wussten wir damals auch noch nicht.").
der alte Kämpfer (S. 9): Fahrenberg gehörte zu den frühen Mitkämpfern Hitlers in der NSDAP zwischen 1920 (die NSDAP entstand am 24.2.1920 aus der DAP) und 1925 (Neugründung am 27. Februar 1925, nachdem sie nach dem gescheiterten Hitler-Putsch – dem Marsch auf die Feldherrnhalle – verboten worden war), die als „Alte Kämpfer" bezeichnet wurden und auf den Parteitagen besonders geehrt wurden. Seit 1933 gehörten alle vor der Machtübernahme

1933 der Partei beigetretenen Mitglieder dazu, während die danach eingetretenen Mitglieder verächtlich als „Märzveilchen" bezeichnet wurden.

Seeligenstadt (S. 9): Seligenstadt, Kleinstadt am Main. Fahrenberg wurde zum „Eroberer von S.", weil er mit seinem SA-Sturm das kleine Städtchen tyrannisierte (4.2.)

Afrikaner (S. 9): Soldat, der in der deutschen Schutztruppe in Afrika kämpfte

Lettow-Vorbeck, Paul von (S. 9): (1870–1964), 1914–18 Kommandeur der deutschen Schutztruppe in Dar es Salaam, 1919 schlug er als Reichswehrgeneral den Hamburger Aufstand nieder.

SA-Posten (S. 10): Abkürzung für Sturmabteilung, paramilitärische Truppe der NSDAP, 1923 bereits 15.000 Mitglieder, 1925 als Parteiarmee neu gegründet, nach Hitlers Machtantritt über 2 Millionen Mitglieder. Nach der Ausschaltung Röhms 1934 verlor die SA ihre politische Bedeutung und wurde z.B. in den KZs durch die SS ersetzt. Röhms, der am 1.7. 1934 erschossen wurde, angeblicher Putschversuch führte zur Beseitigung unliebsamer Mitstreiter, wozu auch katholische Politiker und missliebige Parteigenossen gehörten. Die Zahl schwankt zwischen 77 und über 400 Hingerichteten.

1.1.

Taunus (S. 11): 70 km langer Höhenrücken zwischen Rhein, Main, Lahn und Wetterau. Teilweise klimatisch sehr günstig: Es wachsen Mandeln und sogar Edelkastanien, berühmte Mineralquellen.

Goldparmäne (S. 11): Apfelsorte, gehört zu den Goldreinetten; widerstandsfähig und reichlich tragend. Paris überreichte Aphrodite einen goldenen Apfel als schönster Frau und löste dadurch den Trojanischen Krieg aus.

Arbeitslager (S. 11): waren meist primitive Barackenlager, in denen Zwangsarbeiter und unliebsame Arbeiter untergebracht wurden. Seit 1939 wurden sie nicht nur in Deutschland, sondern auch in den besetzten Gebieten eingerichtet.
Mollebuschbirnbaum (S. 12): gehört zur Klasse der Butterbirnen
Höchst (S. 12): Stadt am Main, berühmte Farbenwerke, die in 1.2. erwähnt werden (Radler aus den Taunusdörfern fahren jeden Morgen dorthin), Pharmaindustrie. Seit 1928 Stadtteil von Frankfurt/M.
gelassenen weitatmigen Wellen (S. 12): Man hat die Landschaft so gelassen, gleichzeitig wird aber durch die ungewöhnliche Prägung Gelassenheit suggeriert. Diese Formulierung hat Volker Braun, der konsequent eine Seghers-Nachfolge pflegt und auch eine dramatische Version *Transit* schrieb, übernommen: In seinem Gedicht *Landwüst* spricht er von der „gelassenen Erde".[55]
Limes (S. 13): römische Grenzbefestigung aus dem 1.–3.Jh. n. d. Z.; 548 km vom Rhein zur Donau. Die von Anna Seghers beschriebene Landschaft gehörte zu dem von den Römern besetzten Teil Germaniens, der von dem 382 km langen Obergermanischen Limes geschützt wurde.
Sonnenaltäre der Kelten, keltisches Sonnenrad (S. 13): ab dem 4. Jh. v. d. Z. besiedelten keltische Stämme Rheinhessen und blieben bis zur Eroberung des Gebietes durch Caesar. Zu ihren Heiligtümern gehörten steinerne Kreuze, die ein steinerner Ring umschloss. Der Ring um das keltische Kreuz bedeutete Sonnenkreis und Ewigkeit und bildet die Grundstruktur des keltischen Sonnenrades, das sich im Stadtwappen von Mainz befindet. Mainz, zu den ältesten Siedlun-

55 Volker Braun: *Texte in zeitlicher Folge*. Bd. 4, Halle – Leipzig: Mitteldeutscher Verlag,1990, S. 85

gen am Rhein gehörend, entstand am Schnittpunkt alter Straßen der Völker aus dem 38 v. d. Z. nahe einer Keltensiedlung angelegten römischen Feldlager Mogontiacum, dessen Name auf den keltischen Lichtgott Mogo zurückgeht.

nicht den Adler und nicht das Kreuz (S. 13): Der Adler war das Feldzeichen der römischen Legionen, das Kreuz zuerst ein Symbol der Kelten, dann der Christen

Judengott (S. 13): Jahwe ist der Eigenname des Gottes Israels in der hebräischen Bibel. Der Name soll bedeuten „Ich bin der ich bin."

Christengott (S. 13): Er ist zuerst mit Jahwe identisch. Aber er unterscheidet sich von ihm, indem er Jesus Christus, seinen Sohn, zur Erlösung der sündigen Menschheit auf die Erde sandte und als Geist Gottes die führende Kraft ist. Daraus begründet sich seine Trinität: Gottvater, Sohn und Heiliger Geist.

Astarte (S. 13): phönikisch-syrische Fruchtbarkeitsgöttin, die von den Griechen mit der Adonis-und Europasage in Verbindung gebracht und oft mit Aphrodite gleichgesetzt wurde.

Isis (S. 13): ursprünglich ägyptische kuhköpfige Göttermutter, Schwester und Frau des Osiris. Auch in Griechenland und Rom verehrt, All- und Himmelsgöttin, Schicksals- und Fruchtbarkeitsgöttin.

Mithras (S. 13): altiranischer Gott des Lichtes, auch verbreitet in Rom. 307 wurde er als Sonnengott zum Reichsgott und dadurch Gegner des erstarkenden Christentums. Sein Geburtsfest 25. Dezember übernahm die Kirche als Weihnachtsfest. Seine wichtigste Tat ist der Sieg über den Urstier.

Orpheus (S. 13): mythischer Sänger der Griechen, der sogar Tiere und Pflanzen mit seinem Gesang verzauberte. Er führte den Dionysoskult ein. Nach dem Tod seiner Frau rettet er diese aus dem Totenreich, verlor sie aber endgültig, als er sich nach ihr umdrehte.

zersprungene Goldbänder (S. 13): Hier wird das germanische Hinterland beschrieben, von dem solche Erinnerungsstücke nicht vorhanden sind, sondern nur einige persönliche Erinnerungen wie in den Schausammlungen des *Römisch-Germanischen Zentralmuseums* in Mainz.

Frankenheer (S. 14): Der Gründer des Fränkischen Reiches Chlodwig I. (d. i. Ludwig), der sich 496 taufen ließ, besiegte im gleichen Jahr die Alemannen und gewann die Hoheit über das Land zwischen Neckar, Main und Oberrhein. Er legte den Grundstein für die staatlichen Ordnungen im Mittelalter.

der Mönch (S. 14): Bonifatius (um 672–754) bekam 718 vom Papst den Auftrag, Germanien zu christianisieren. Bei den Thüringern und Franken hatte er so wenig Erfolg, dass er sich wieder den heidnischen Friesen zuwandte, ohne sich voll durchzusetzen. 732 wurde er Erzbischof und Primas von Deutschland. Als er das Erzbistum Köln vom Papst verlangte, untersagte ihm das Pippin und gab ihm 747 Mainz. Bei einem nächsten Versuch, die Friesen zu bekehren, wurde er mit seiner Begleitung erschlagen. Er liegt seit 819 im Dom von Fulda – er hatte die Abtei Fulda gegründet – begraben. Er setzte militante Mittel zur Christianisierung ein, brachte aber auch moderne Kultur. Als Attribute hatte er Buch, Beil und Schwert. Beide Seiten nennt Anna Seghers. Die Romantik des 19. Jahrhunderts machte ihn zum „Heiligen Apostel der Deutschen".

Heiliges Römisches Reich deutscher Nation (S. 14): Bezeichnung des deutschen Reiches von 962 bis 1806, weil man es als Fortsetzung des römischen Weltreiches verstand. „Heilig" bezog sich auf die Abhängigkeit von der römischen Kirche, die „deutsche Nation" bezog sich auf den Herrscher, der ein von den Deutschen gewählter König war. Unter dem Ansturm Napoleons brach das Reich 1806 ohne jeden Widerstand zusammen, nachdem es Jahrhunderte kaum eine politische Macht gewesen war.

Erzkanzler (S. 14): der für die Ausfertigung königlicher Dokumente verantwortliche Kanzlist wurde Kanzler genannt. Da anfangs fast nur Geistliche schreiben konnten, war das Amt an Kleriker gebunden. Otto I. ernannte schließlich seinen Sohn Wilhelm dazu, der Erzbischof von Mainz geworden war. Seitdem blieb das Amt mit dem Erzbischof von Mainz fast bis ans Ende des Reiches fest verbunden. Der Erzkanzler bereitete die Königswahl vor. Er stand über allen Kurfürsten, vertrat den Kaiser und leitete die allgemeinen Reichsangelegenheiten.

Kaiserwahlen (S. 14): Es waren die von den Kurfürsten (vier weltliche und drei geistliche) durchgeführten Königswahlen. Mit der Wahl zum deutschen König bekam der Herrscher seine Macht; die Krönung im Rom zum Kaiser war weitgehend ein formaler Akt, erinnerte aber an die Abhängigkeit vom Papst. Da im Mittelalter noch ein Wahlkaisertum bestand, mussten solche Wahlen durchgeführt werden.

Mönche und Ritter, um ihre Orden zu gründen (S. 14): in Mainz war eine Kommende (Komturei) der Ballei (Provinz) des Deutschritterordens (das Deutschhaus: Deutschordenskommende, heutiger Landtag); der palastartige Bau war 1730–39 errichtet worden.

Kreuzfahrer, um Juden zu verbrennen (S. 14): Die jüdische Gemeinde war ein geistiges Zentrum, Mainz die wichtigste Stadt der deutschen Juden. Als 1096 nach Ausrufung des ersten Kreuzzugs Judenpogrome ausbrachen, belagerten 12 000 Kreuzfahrer die jüdische Gemeinde, die sich in die Residenz des Erzbischofs geflüchtet hatte. Um der Ermordung zu entgehen, begingen 1100 Juden gemeinsam Selbstmord: Wie

Abraham, der Isaak opferte, opferten sie sich gegenseitig. Ihre Leichen wurden auf dem „Brand" verbrannt. Der Kreuzug fand nicht statt, sondern die Kreuzfahrer zogen mordend weiter durch deutsche Städte; 12.000 Juden sollen ihre Opfer gewesen sein.

Jakobiner (S. 14): In Mainz entstand in der Folge der Französischen Revolution im März 1793 die erste deutsche Republik; nachdem die Stadt am 21. 10. 1792 von französischen Truppen besetzt worden war. Es wurde nach dem Vorbild der französischen Klubs die „Gesellschaft der Freunde von Freiheit und Gleichheit" gegründet. Zu ihr gehörte der bedeutende Naturforscher, Schriftsteller und Philosoph Georg Forster, der wichtigste geistige und politische Führer der Mainzer Jakobiner.

Freiheitsbäume (S. 14): Sie waren ein Zeichen der Französischen Revolution und wurden von Anhängern der Revolution errichtet. Bekannt ist Hölderlins, Schellings und Hegels Begeisterung, die 1791 nach französischem Vorbild auf einer Wiese nahe des Tübinger Stifts zur Errichtung eines Freiheitsbaums führte.

ein alter Soldat (S. 15): dieser letzte französische Soldat weint über die Niederlage Napoleons; die Szene erinnert an Heinrich Heines Gedicht *Die Grenadiere*, die auf dem Weg nach Frankreich „weinten ... Wohl ob der kläglichen Kunde".

Große Armee (S. 15): Napoleons Armee, mit der er 1812 in Russland einmarschierte. Sie hatte ca. 500 000 Soldaten aus Frankreich, Italien, den Rheinbundstaaten und dem Großherzogtum Warschau; Preußen und Österreich mussten Hilfstruppen stellen. Nur 1200 Soldaten der Hauptarmee gelangten nach der Niederlage bis Königsberg.

Trikolore (S. 15): dreifarbige französische Nationalfahne seit der Französischen Revolution

Menschenrechte (S. 15): So nannte man seit der europäischen Aufklärung Beziehungen, die als ewig galten und den Menschen vom Tier unterschieden. Diese Grundrechte, vor allem von französischen Philosophen entwickelt, sind das Recht der Freiheit, Gleichheit, Sicherheit und des Eigentums. 1776 wurden sie als leitende Grundsätze der Vereinigten Staaten anerkannt, 1789 wurden sie in Paris erweitert (Erklärung der Rechte des Menschen und des Bürgers) um die Freiheit des Gewissens, des Kultus, der Meinungsäußerung und der Presse.

die Jahre 33 und 48 (S. 15): Am 3. April 1833 stürmten revolutionäre Demokraten die Frankfurter Wache (Frankfurt/M.), im Mai 1848 kam es, wie fast überall in Deutschland, zu revolutionären Auseinandersetzungen und zu blutigen Straßenkämpfen, hier zwischen preußischen Truppen und der Mainzer Bürgerwehr, die danach gewaltsam entwaffnet wurde.

ein Reich, das man heute das Zweite nennt (S. 15): Es ist das Kaiserreich von 1871, das nach dem Sieg über Frankreich ausgerufen wurde. Es dauerte bis zum Ende des Ersten Weltkrieges. Die Formulierung versteht sich als Hinweis auf die politische Kontinuität zwischen dem Zweiten (1871–1918) und dem Dritten Reich (1933–1945).

Bismarck (S. 15): Der Reichskanzler Otto von Bismarck (1815–1898) war der Vater des Reiches von 1871. Seit 1864 führte Preußen unter seiner Führung Kriege gegen Dänemark, Österreich und Frankreich, die Preußen stärkten – es erhielt Schleswig-Holstein, Hannover und Kurhessen – und Österreich schwächten, um so eine kleindeutsche Lösung (ohne Österreich) zu erhalten.

Schlacht von Verdun (S. 15): Die Stadt war während des Ersten Weltkrieges heiß umkämpft. Der Stellungskrieg artete in einen erbitterten Minenkrieg aus, den die deutsche Heeresführung am 21. Februar 1916 beenden wollte, indem sie Verdun zu nehmen versuchte. Der Angriff scheiterte und führte zu Gegenangriffen, die sich bis 1918 hinzogen. Man schätzt die Zahl der Toten auf beiden Seiten auf 400.000.

Lunten gelegt hatten (S. 15): Möglicherweise spielt Anna Seghers auf ein Beispiel an: Leo Schlageter hatte Anschläge auf Eisenbahnen und Verkehrswege verübt und war 1923 von einem französischen Kriegsgericht zum Tode verurteilt und in der Golzheimer Heide bei Düsseldorf standrechtlich erschossen worden. Er wurde zu einer Symbolgestalt der nationalsozialistischen Propaganda.

gegen die schwarzrotgoldene vertauscht (S. 15): Schwarz-rot-gold waren in Anlehnung an die demokratischen Bewegungen des 19. Jahrhunderts die Farben der Weimarer Republik. Der Reichsflaggenerlass vom 12. März 1933 schrieb bis zur endgültigen Reglung vor, dass die schwarz-weiß-rote Reichsflagge und die Hakenkreuzfahne gesetzt werden konnten, auch gemeinsam.

Fahnen der Interalliierten Kommission (S. 15): Die linksrheinischen Gebiete Deutschlands wurden im Frieden von Versailles in Besatzungszonen aufgeteilt; Mainz war bis 1930 französisch besetzt und Sitz der genannten Kommission für die linksrheinischen Gebiete.

1.2.

am 30. Juni (S. 17): Als der Stabschef der SA Röhm nach der Machtergreifung Hitlers der Reichswehr ihre Funktion als Armee streitig machte und die SA an ihrer Stelle ausbauen wollte, stellte sich Hitler getreu seinem Programm in *Mein Kampf* auf die Seite der Reichswehr und ließ Röhm sowie hohe Führer der SA ermorden (sogenannter Röhm-Putsch). Danach spielte die SA keine politische Rolle mehr, sondern beschränkte sich auf die vor- und nachmilitärische Ausbildung ihrer freiwilligen Mitglieder. Sie wurde in den Nürnberger Prozessen nicht zur verbrecherischen Organisation erklärt.

SS (S. 17): 1925 gegründete Schutzstaffel zum persönlichen Schutz des Führers. Nach der Entmachtung der SA 1934, die Verbände der SS durchführten, wurde die SS eine selbstständige Organisation, der seit 1936 die gesamte Polizei unterstand. Es wurde die gefürchtetste, mächtigste und verbrecherischste Organisation während der nationalsozialistischen Diktatur. Sie war verantwortlich für die KZs, die Einsatzgruppen in den besetzten Gebieten und unzähligen Völkermord, unterhielt die Vernichtungslager und eigene Institute zu Versuchen an Menschen. Ihr Chef war der Reichsführer SS Heinrich Himmler. Mitglied durften nur die „blutsmäßig besten Deutschen" werden.

Gustavsburg (S. 17): Ort auf der linken Mainseite, aber rechtsrheinig, im Winkel des Zusammenflusses von Main und Rhein

Karbidlampen (S. 18): Karbid (Calziumkarbid CaC_2) besteht aus grauen Brocken, die in einem Glasbehälter an der Luft durch Wasseraufnahme zerfallen und das farblose, eigentümlich riechende Äthin freisetzen (Azetylen), das leuchtend verbrennt.

Oppenheim (S. 20): linksrheinisches Städtchen, 20 km südlich von Mainz

KZ (S. 20): Konzentrationslager, Häftlingslager, in denen seit 1933 Gegner des Nationalsozialismus, dann auch Juden, Zigeuner, Homosexuelle, schließlich Kriegsgefangene inhaftiert und zu Hunderttausenden ermordet wurden. Es war das berüchtigste und verbrecherischste Vernichtungsinstrument der Nationalsozialisten. Nach 1934 übernahm die SS den alleinigen Befehl über die KZ, die SA blieb geduldet. Die SS war für die systematische Vernichtung der Juden und die Massenhinrichtungen in Polen sowie der Sowjetunion und anderen Ländern verantwortlich. Es wird geschätzt, dass in den KZs und ihren Vernichtungslagern mehr als 5 Millionen Menschen umkamen.

Westhofen (S. 20): Wahrscheinlich bezog sich Anna Seghers auf das KZ Osthofen, das zwischen Mainz und Worms lag und zu den ersten in Deutschland gehörte. Über dieses KZ wurde umfangreich seit dem Frühjahr 1933 in der Presse berichtet, sogar Führungen wurden dort durchgeführt.[56] Im Juni 1934 begann die Auflösung des KZ. Über die Namensgebung der Anna Seghers ist nur zu spekulieren: Entweder war es eine Verwechslung mit dem Ort Westhofen, den es 4 km von Westhofen entfernt gibt, was wahrscheinlich ist, oder sie wollte ihren Roman nicht auf ein bestimmtes Lager beziehen. Dann hätte sie wohl einen völlig anderen Namen gewählt. Die von ihr verwendeten Daten stimmen nicht mit der Lagergeschichte des KZs überein: Heisler ist im Dezember 1934 nach Westhofen gekommen; da bestand Osthofen schon nicht mehr.

1.3.

Wallau (S. 23): Der Name erinnert möglicherweise an Carl Wallau[57], einen Demokraten, der im Vormärz in Mainz wirkte. Von ihm stammt ein Aufruf, die deutschen Arbeiter sollten Mainz als Zentrum für alle Arbeitervereine wählen.

Wurzel schlagen, ein Weidenstamm unter Weidenstämmen (S. 26): Die Vorstellung, aus Angst sich in einen Baum zu verwandeln, findet sich kurze Zeit später in Anna

56 Vgl. dazu Stephan 1997, S. 149 ff. – Hier sind auch Bilder über Pressebesuche im KZ Osthofen 1934 veröffentlicht.

57 Vgl. *Das siebte Kreuz* (Spies), S. 431: Der Herausgeber weist in seinem sonst lückenhaften und ungenauen Anmerkungsapparat auf diese Möglichkeit hin.

Seghers Erzählungen *Die drei Bäume* (1940) wieder. In der ersten Erzählung flüchtet sich ein Ritter in „Todesangst" in einen Baum und geht darin zu Grunde, während der Baum weiter grünt.

1.4.

November 1918 (S. 31): Am 11. 11. Waffenstillstand der Entente mit Deutschland, der den Ersten Weltkrieg beendete. Kieler Matrosenaufstand am 3. 11. löst die November-Revolution aus. Arbeiter- und Soldatenräte, Ausrufung der Republik am 9. 11.– Es ist unklar, bei welcher Aktion Zillich den Schuss bekommen hat, möglicherweise kämpfte er aber gegen die Revolutionäre. Dieses Thema war der Schriftstellerin immer gegenwärtig (vgl. *Die Toten bleiben jung*).

bevor das neue Gesetz (S. 31): Am 29. September 1933 wurde das Reichserbhofgesetz erlassen, in dem geregelt wurde, dass ein Erbhof, der „das Bauerntum als Blutquelle des deutschen Volkes" sichern sollte, unveräußerlich und unbelastbar war.

Gestapo (S. 31): Abk. für Geheime Staatspolizei. Sie sollte ohne jede Beschränkung von Mitteln staatsgefährdende Bestrebungen bekämpfen und unterlag dabei nicht der Überprüfung von Verwaltungsgerichten. Ihr wichtigstes Unterdrückungsmittel war dabei die *Schutzhaft* (1.4. Schutzhäftling Beutler, S. 32)), die sie nach eigenem Ermessen und ohne rechtliche Bedingung anwenden konnte. Seit 1936 wurde sie der SS unterstellt. In den von der SS geleiteten KZs unterstanden der Gestapo die Politischen Abteilungen mit dem Erkennungsdienst, der für die Verhöre der Häftlinge zuständig war. Sie bestimmte, wem Sonderbehandlung zuteil wurde, was in der Regel Hinrichtung ohne gerichtliches Verfahren bedeutete. Für die SS verschleppte sie Juden in die Vernichtungslager.

Drachentöter (S. 32): So wird der Heilige Georg bezeichnet, der nach der Legende eine schöne Königstochter, die dem Drachen geopfert werden sollte, rettete, indem er den Drachen mit dem Kreuzeszeichen besiegte und mit der Lanze tötete. Es ist ein weiteres Erzählelement, das christliche Attribute aufhebt. Drachentöter war auch Siegfried in der Nibelungen-Sage. Da jedoch der Drachentöter in einer Reihe steht mit dem Erzengel, ist weniger an das Nibelungen-Lied, das im Nationalsozialismus besondere Verehrung genoss, zu denken.
gewappneten Erzengels (S. 32): Man nahm sieben Erzengel an, die im 16. Jahrhundert kulthaft verehrt wurden. Der gewappnete Erzengel, ebenfalls als Drachentöter bezeichnet, ist Michael. Er soll am Tag des Jüngsten Gerichts die Seelen der Auferstandenen wiegen. Das bezieht sich auch auf den Verbrecher Bunsen, der mit den Attributen eines Engels ausgestattet, aber ein Teufel ist. Auch der Gestapo-Mann Oberkamp bezeichnet Bunsen als „heiligen Michael" (4.6.); Anna Seghers hat den Namen Michael mehrfach in ihren Werken verwendet.

1.5.

Ruhrkämpfe und die Kämpfe in Mitteldeutschland (S. 34): im März 1920 kämpfte die Rote Ruhrarmee gegen Freikorps, die in das Ruhrgebiet eindringen wollten. Die 100.000 Mann umfassende Armee befreite das Rheinland von diesen Verbänden. Unter Bruch der Abkommen marschierten Reichswehr und Freikorps ein und übten barbarischen Terror gegen die Ruhrarmee aus. – Die Märzkämpfe in Mitteldeutschland waren zehntägige Verteidigungskämpfe bewaffneter Arbeiter aus Kupfer- und Braunkohlenbergbau gegen die Besetzung der Betriebe durch Polizeitruppen, die die linken Kräfte, die immer stärker geworden waren, auszuschalten versuchten. Die Kämpfe zogen sich von Hettstedt über Halle-Ammendorf bis Leuna hin. Die Arbeiter erlitten eine Niederlage: Sie zählten Hunderte von Toten und Tausende Verwundeter.

Schutzbündler in Wien (S. 40): Anna Seghers hatte sich diesem Thema gewidmet (vgl. *Der letzte Weg des Kolomann Wallisch*, 1934 und *Der Weg durch den Februar*, 1935). 1923 hatten Rechte und Linke Verbände gegründet, die einen latenten Krieg gegeneinander führten. Der sozialdemokratische Republikanische Schutzbund stand meist auf verlorenem Posten, musste oft fliehen oder sich zurückziehen, weil die Rechten sehr viel militanter und gewalttätiger waren.

Arbeitsfront (S. 43): Die Deutsche Arbeitsfront (DAF) wurde am 10. Mai 1933 von der NSDAP gegründet und trat an die Stelle der zerschlagenen Gewerkschaften. Es war jedoch keine Arbeitnehmer-Schutzorganisation, sondern eine Einheitsorganisation zur propagandistischen Schulung der Arbeitnehmer. Es war die größte Massenorganisation des nationalsozialistischen Staates.

Willigis (S. 43): (–1011), auf seine sagenhafte Herkunft wird das Rad im Mainzer Wappen bezogen; wahrscheinlich Sachse. Von 975 bis 1011 Erzbischof von Mainz und Erzkanzler: Er begann 975 mit dem Dombau. Lehrer Ottos II., Erzieher Ottos III., setzte die Wahl Heinrichs II. durch (1002) und krönte diesen in Mainz. Anerkannter Gelehrter, Gründer und Leiter mehrerer Schulen

geuzt (S. 43): in der Bedeutung: arm, armselig; abgeleitet vom Französischen: gueux = bettelarm, armselig; Bettler, Lump, vgl. die Geusen (niederländische Freiheitskämpfer gegen die Spanier)

Darré-Schule (S. 44): Richard Walter Darré (1895–1953), Leiter des Rasse- und Siedlungshauptamtes der SS, seit 1933 Reichsminister für Ernährung und Landwirtschaft, Reichs-

bauernführer, 1942 aus allen Ämtern entlassen. 1949 zu sieben Jahren Gefängnis verurteilt, 1950 entlassen.
Hitlerjugend (S. 47): Abk.: HJ, Bezeichnung für die gesamte nationalsozialistische Jugendorganisation, 1926 gegründet, seit 1933 als Staatsjugend zur Erziehung außerhalb von Schule und Elternhaus per Gesetz (vom 1.12.1936) verpflichtet.

1.6.
Pimpfe (S. 49): seit 1934 die amtliche Bezeichnung für die 10- bis 14-jährigen Mitglieder des Jungvolks, einer Gruppierung der HJ. Die Mädchen waren im Jungmädelbund organisiert.

1.7
Spezereihandlung (S. 57): altertümlich für Gewürzhandlung
Dezember 34 (S. 58): Der Anlass für Heislers Aufnahme in Westhofen ist nicht zu erschließen. Er war seit Januar 34 verhaftet und nach der Aussage der Gestapo in Westhofen eingeliefert worden (2.3.). Im Dezember 1933 war der Reichstagsbrandprozess zu Ende gegangen, was nochmals eine Verhaftungswelle auslöste.
Augustinerstraße (S. 59): Heisler ist schon in der Innenstadt von Mainz; der Dom ist nah. Auf der Augustinerstraße, benannt nach dem Kloster der Augustiner-Eremiten, steht die Kath. Augustinerkirche, eine Seminarkirche. Beeindruckend ist die Fassade mit dem sich über die Dächer emporschwingenden Giebel. Heislers Weg auf den Rhein zu führt im Schatten von Kirchen, als würde er dort Sicherheit erwarten.
zu läuten an (S. 60): 1705 soll der Dom 25 Glocken gehabt haben. Es wird der unzerstörte Dom von 1937 beschrieben, in dem auch vier Glocken hingen, die 1809 von Josef Zechbauer aus preußischen Kanonen gegossen worden waren, die Napo-

leon geschenkt hatte. 1942 wurde der Dom beschädigt und 1944/45 erneut stark zerstört. Der Vater der Seghers „verwaltete die Kunstsammlungen des Mainzer Doms"[58], wodurch Anna Seghers so genaue Kenntnisse erhalten haben dürfte.

Türmen hinauf (S. 61): Heisler steht vor dem Westturm des Mainzer Doms St. Martin und St. Stephan, der mit der Vierung zusammen insgesamt sechs Türme/Kuppeln hat. Der den Bau überragende einzelne Westturm ist 82,50 m hoch, die östlichen Treppentürme 55,50 m.

nur Raum und wieder Raum (S. 61): Die Gesamtlänge des Doms beträgt 109 m, sein Mittelschiff ist 13,50 m breit.

1.8.

Grutzen (S. 65): Kerngehäuse des Apfels, entspricht einem anderen dialektalem Wort: Griebs. Von mittelhochdeutsch „gruz" = bildlich: das Geringste

Fichte-Ferienlager (S. 66): Berliner Turnverein, der der KPD nahe stand. Benannt nach dem Philosophen Johann Gottlieb Fichte (1762–1814), dessen Lehre, der Mensch solle sich seine Verhältnisse mit Freiheit nach der Vernunft einrichten, von den Kommunisten, dessen *Reden an die deutsche Nation* von den Nationalsozialisten vereinnahmt wurden. Mädchen aus dem Fichte-Ferienlager, das rote Fichte-F auf blauem Kittel, waren Freundinnen Georg Heislers.

Jiu-Jitsu (S. 66): japanische Selbstverteidigung ohne Waffen; dass in den der KPD nahestehenden Lagern dieser Sport gelehrt wurde, hatte seinen Grund auch darin, dass Hitler in *Mein Kampf* diese Sportart neben Boxen als besonders wichtig für die Ausbildung der SA vorgesehen hatte.[59]

---

58 Friedrich Albrecht: *Die Erzählerin Anna Seghers 1926–1932*. Berlin: Rütten & Loening 1965 (Neue Beiträge zur Literaturwissenschaft, Bd. 25), S. 5

59 „Boxen und Jiu-Jitsu sind mir immer wichtiger erschienen als irgendeine schlechte, weil doch nur halbe Schießausbildung." Adolf Hitlers *Mein Kampf*. Eine kommentierte Auswahl von Christian Zentner. München: List Verlag, 1974, S. 95

Januardemonstration (S. 67): Seit der Ermordung Rosa Luxemburgs und Karl Liebknechts am 15. Januar 1919 demonstrieren die Linken jährlich zum Gedenken. Diese Demonstrationen waren nach 1933 verboten; Anna Seghers vermerkt, die Beteiligten hätten sich „auf der Hauptwache" wiedergetroffen.

2.1.

Taufbecken, Mitra, Stab (S. 76): Das Taufbecken stammt von 1328. Mitra (Bischofsmütze) und Stab (Krummstab), Attribute des Bischofs, gehören zu dem Denkmal, das Heisler sieht, es ist das des Erzbischofs Albrecht von Brandenburg (1490–1545), der als Erzbischof / Kurfürst von Mainz Erzkanzler des Reiches war. Unter seiner Herrschaft wurde Mainz ein Zentrum der schönen Künste. Er war einer der schillerndsten Erzkanzler, lavierend zwischen den Fronten, von großer Kunst- und Sinnenlust und niedriger Rachsucht, Neid und Boshaftigkeit geprägt. Hutten war sein Rat, aber Tetzel schickte er aus, um über den Ablasshandel seine riesigen Schulden zu mindern. Heisler empfindet seine Züge als „klar, einfach und böse" (S. 76).

in jeder Hand eine Krone (S. 77): Grabmal Siegfried III. von Eppstein. Er war an der Wahl der Gegenkönige Heinrich Raspe, Landgraf von Thüringen, und Wilhelm von Holland zu Gegenkönigen gegen Kaiser Friedrich II. beteiligt. Auf der Grabplatte segnet er die beiden einen Kopf kleineren Könige; sie empfangen aber nicht die Krone von ihm. Das Grabmal dokumentiert die Bedeutung des Erzbischofs von Mainz bei der Einsetzung eines Königs; die Krönung stand dem Erzbischof von Köln zu.

Interregnum (S. 77): (lat.: Zwischenreich) Im Heiligen Römischen Reich die Zeit von 1256 bis 1273, vom Tod Wilhelms von Holland bis zur Wahl Rudolfs von Habsburg.

Mauernische (S. 77): Heisler flüchtet sich aus dem Langhaus des Doms, das er vom Taufbecken aus durchquert hatte, in eine Nische neben dem Marktportal. Dazu muss er durch das nördliche Seitenschiff, „unter den Blicken von sechs Erzkanzlern des Heiligen Reichs" (2.1.): Siegfried III. von Eppstein, Peter von Aspelt, Mathias von Bucheck, Adolf I. von Nassau, Konrad III. und Johann II. von Nassau.
Fabelgeschöpf (S. 78): Georg erinnert sich an Leni, die durch die Erinnerung immer „zarter" und „fliegender" wird. Sie erscheint immer ätherischer und fliegend wie ein Engel.
Niederrad (S. 78): ländlich anmutender Vorort von Frankfurt/M., seit 1900 eingemeindet; wurde später zur Bürostadt, wobei allerdings die Hälfte des Geländes nicht bebaut werden durfte und ländlich erhalten bleiben musste.
aus dem Paradies verjagt (S. 83): Adam und Eva wurden nach dem Alten Testament am 6. Tag der Schöpfung geschaffen. Da sie sich ungehorsam gegen das Gebot Gottes zeigten und vom verbotenen Apfelbaum aßen, wurden sie aus dem Paradies vertrieben (Sündenfall). Apfel und Sündenfall bilden eine motivliche Kette im Roman. Die Seghers verwendet diesen Vorgang nochmals in der Erzählung *Das Ende*, die Zillichs Tod nach dem Krieg beschreibt.
Köpfe der Kühe, Krippe (S. 83): Geburt Jesus von Nazareth, um 4. v. d. Z. In Verbindung mit einer Volkszählung zogen seine Eltern Josef und Maria nach Bethlehem, wo Maria in einem Stall, in dem Kuh und Esel standen, Jesus zur Welt brachte. Sie legte ihn in eine Krippe.
Abendmahl (S. 83): letztes gemeinsames Mahl der Jünger und Jesus. Die Evangelisten berichten darüber ausführlich. Jesus weiß von seinem bevorstehenden Tod und verpflichtet seine Jünger auf seine Lehre durch das Abendmahl: Brot ist

sein Leib, Wein sein Blut. Unter den Jüngern ist der Verräter Judas Ischarioth.
der mit dem Speer stieß (S. 83): Im Neues Testament, Johannes 19,34, wird berichtet, wie ein Kriegsknecht Jesus' Seite mit einem Speer öffnet, um seinen Tod festzustellen und ihm dazu nicht die Beine brechen zu müssen, wie sonst der Brauch war. – Anna Seghers bezieht sich bei diesen Bildern auf einen Bildzyklus an den Hochwänden des Hauptschiffs, die von den Nazarener-Künstlern Veit, Settegast und Lasinsky 1859/64 geschaffen wurden.
Staufer (S. 84): schwäbisches Fürstengeschlecht, aus dem von 1138 bis 1254 deutsche Könige und Kaiser kamen. Sie erbten die salischen Hausgüter, erbauten die Burg Hohenstaufen. Der bedeutendste Staufer war Friedrich I. Barbarossa, der bedauernswerteste Konradin, der 1268 enthauptet wurde.

2.4.
Heiliger Martin (S. 104): Martin von Tours (um 316–397), Sohn eines römischen Tribuns, getauft, gründete das Kloster Marmoutier. Als Soldat soll Martin einem Bettler die Hälfte seines Soldatenmantels gegeben haben. Zahlreiche Bräuche knüpfen sich an seine Gestalt: Martinsgans, Martinstag, Martinsfeuer. Der Heilige, dem der Mainzer Dom geweiht ist, wird hier ein erstes Mal genannt. Vgl. 7.6. (S. 82 dieser Erläuterung)
Greta Garbo (S. 107): eigentlich: Greta Gustafsson (1905–1990), schwedische Filmschauspielerin, die auch in Hollywood spielte und weltberühmt wurde. Zur Zeit der Romanhandlung hatte sie gerade die Hauptrollen in *Anna Karenina* (1935) und der *Kameliendame* (1936) gespielt.
zernieren (S. 109): eine Festung einschließen, umzingeln

2.5.

Siegfried von Epstein (S. 111): vgl. 2.1. *in jeder Hand eine Krone:* Siegfried III. von Eppstein, aus dem Geschlecht der Grafen von Eppstein, war Herr über zehn Bistümer. Das Grabmal steht am Anfang der beeindruckenden Reihe von Grabdenkmäler, die zu den großartigsten in Deutschland gehören.

Besatzungszeit (S. 115): vgl. 1.1., S. 53 dieser Erläuterung: *Fahnen der Interalliierten Kommission:* Mainz lag in der französischen Besatzungszone und war bis 1930 besetzt.

2.7.

Beimler (S. 140): Hans Beimler (1895–1936), Mitglied der bayrischen Räteregierung, Reichstagsabgeordneter der KPD. Nach Verhaftung 1933 ins KZ Dachau eingeliefert, aus dem er fliehen konnte. Er fiel bei Madrid als Divisionskommandeur 1936 im Spanischen Bürgerkrieg. Anna Seghers verfasste 1937 einen Nachruf auf ihn. Georg Heisler hat Züge von ihm bekommen.

Dachau (S. 140): Im März 1933 wurde das erste KZ auf Weisung des Reichsführers SS Heinrich Himmler in Dachau bei München errichtet. Ihm folgten bis zum Sommer 1933 weitere große KZs, darunter *Oranienburg* und *Papenburg.*

Seeger (S. 140): Gerhart Heinrich Seger (1896–1967), Reichstagsabgeordneter der SPD in vier Wahlperioden. Er wurde 1933 ins KZ Oranienburg gesperrt, aus dem er fliehen konnte. Seinen Fluchtbericht veröffentlichte er 1934 (Karlsbad: Graphia; Probleme des Sozialismus, Sozialdemokratische Schriftenreihe, 5). 1936–1949 Chefredakteur der Neuen Volkszeitung in den USA.

Remise (S. 141): altertümlich für Geräte- und Wagenschuppen

Bebel (S. 143): August Bebel (1840–1913), 1869 Mitbegründer der SPD (Sozialdemokratische Arbeiterpartei Deutschlands); seit 1889 Berufspolitiker. Mit kurzer Unterbrechung von 1867 bis 1913 Mitglied des Reichstages. Setzte sich 1875 für den Zusammenschluss der Sozialdemokratischen Arbeiterpartei mit dem Allgemeinen Deutschen Arbeitervereien (Lassalleaner) ein. Erfolgreicher politischer Schriftsteller (*Die Frau und der Sozialismus*, 1883)

Liebknecht (S. 143): Wilhelm Liebknecht (1826–1900), in London befreundet mit Friedrich Engels, neben Bebel 1869 Mitbegründer der SPD, 1874–1900 Mitglied des Reichstags

Liebknecht (S. 143): Karl Liebknecht (1871–1919), Sohn von Wilhelm Liebknecht, seit 1912 für die SPD im Reichstag, proklamierte 1918 die Republik in Deutschland, mitbeteiligt an der Gründung der KPD, von Freikorpsoffizieren zusammen mit Rosa Luxemburg ermordet.

Dimitroff (S. 143): Georgi Dimitroff (Dimitrow) (1882–1949); bulgarischer Sozialdemokrat und Kommunist, 1933 im Reichstagsbrandprozess Angeklagter, durch eine glänzende Verteidigungsstrategie freigesprochen, seit 1935 Generalsekretär der Kommunistischen Internationale (Komintern). Während ihres VII. Weltkongresses erklärte er den Wechsel zur „Volksfront", die im Kampf gegen Hitler zur wichtigen Strategie wurde. Seit 1946 bulgarischer Ministerpräsident.

3.1.

Latwerg (S. 154): veraltet, landschaftlich: Fruchtmus; eine breiförmige Arzenei (so in Goethes *Faust I*).

in jedem hohlen Baum (S. 155): Hinweis, wo sich der Flüchtling aufhalten könne. Der Schäfer Ernst weist auf die Möglichkeit, die Anna Seghers in den ersten beiden der Erzählungen *Die drei Bäume* (1940) verwendet. Sie sind in beiden Fällen tödlich.

3.2.

Rattenfänger (S. 160): 1284 befreite ein Rattenfänger die Stadt Hameln von Ratten und Mäusen, indem er auf einer Flöte blies, die Tiere dadurch hervorrief und sie ins Wasser führte, wo sie ertranken. Als die Stadt ihm den Lohn verweigerte, kam er als Jäger verkleidet zurück, rief mit seiner Flöte alle Kinder von vier Jahren an zu sich, während die Eltern in der Kirche saßen, und verschwand mit ihnen in einem Berg. Der Rattenfänger (in *Deutsche Sagen* der Brüder Grimm) gilt als bekannteste deutsche Sage in der Welt. Möglicherweise erklärt sich ihre Herkunft aus der Ostland-Besiedlung, bei der Hamelner Bürger („Kinder der Stadt") von Adligen zur Besiedlung in Schlesien, Pommern und Preußen angeworben wurden.

Signalement (S. 161): aus dem Französischen: Personenbeschreibung

Ritterheer, Römer (S. 163): gemeint sind der Limes der Römer und die Überschreitung des Mains durch das Frankenheer; s. 1.1.

Eltville (S. 167): liegt nahe Mainz malerisch zwischen Weinbergen und verfügt über bedeutende Wein- und Sektkellereien

Sturz Barcelonas, Einzug Francos in Madrid (S. 168): Francisco Franco (1892–1975) erhob sich 1936 gegen die spanische Volksfront-Regierung und löste so den Spanischen Bürgerkrieg (1936–39) aus. Madrid war seit Herbst 1936 Zentrum der Angriffe der Putschisten, fiel aber erst im März 1939, Barcelona – Sitz der Volksfrontregierung 1937–39 – wurde im Januar 1939 von den Republikanern aufgegeben. Anna Seghers erlebte den Krieg, sie besuchte z.B. das polnisch-spanische Bataillon „Palafox" während des Internationalen Schriftstellerkongresses. – Die Einführung zu dieser Textpassage „später" ist ernst zu nehmen: Der Bericht über Ereignisse von 1939 wurde nach Abschluss der Handlung des Romans 1937 gegeben.

Kindern der Sage, die von Tieren aufgezogen werden (S. 170): Die Sage, die der von Anna Seghers erwähnten fast entspricht, ist die von Romulus und Remus, die als die Gründer Roms gelten. Diese Sage ordnet sich auch insofern der Handlung logisch zu, als der Erzähler mehrfach auf die römische Geschichte der Landschaft eingeht und andererseits die römische Vergangenheit für den zeitgenössischen Faschismus in Italien die Attribute lieferte (ital. fascio = Bündel von lat. fascis = Rutenbündel mit herausragendem Beil, Zeichen über Leben und Tod, getragen von Liktoren). Romulus und Remus wurden von einer Wölfin gesäugt, von einem Specht mit anderer Nahrung versorgt. Sie erschlugen ihren Onkel Amulius, der ihren Vater ermordet und vom Thron gestoßen hatte, setzten ihren Großvater wieder als König ein und gründeten Rom. Im Streit um die Stadt erschlug schließlich Romulus Remus. Die Sage wurde mehrfach verändert und hat fast ausschließlich mythische Elemente, Historisches ist kaum zu erkennen.

3.3.

Königin Christine, Greta (S. 173): Greta Garbo spielte 1933 die schwedische Königin Christine in dem gleichnamigen Film (USA). Vgl. *Garbo* 2.4.
Tarsoarbeit (S. 184): Holzmosaik, (vgl. Intarsie = Einlegearbeit)
Winterhilfe (S. 185): auch: Winterhilfswerk. Jährlich in den Wintermonaten angeordnete nationalsozialistische Sammelaktion zur Unterstützung ausgewählter Hilfsbedürftiger. Die Aufsicht hatte das Propagandaministerium.

3.4.

Spartakusbund (S. 191): 1916 von Karl Liebknecht, Rosa Luxemburg, Franz Mehring, Clara Zetkin und Wilhelm Pieck in der SPD gegründete sozialistische Organisation, die sich 1917 der USPD anschloss und sich am 31. 12. 1918 zur KPD konstituierte.
Lasst die Toten ... (S. 192): Aufforderung Jesus' an einen seiner Jünger, der bevor er Jesus folgt seinen Vater begraben will (Matthäus 8,22).
Pailletten (S. 194): glitzernde Metallblättchen zum Aufnähen
Wochenschau (S. 197): Vorfilm im Kino, der aktuell informierte. In Zeiten ohne Fernsehen entsprach das einer Nachrichtensendung.

3.5.

scheeler Gigl (S. 203): Verkleinerungsform von Geck (Modegeck), aber auch von Gigolo (Eintänzer, auch: Mann, der sich aushalten lässt); etwa: missgünstiger Zuhälter

Kaiserstraße (S. 203): Zentrum des Frankfurter Amüsierviertels, in den Nebenstraßen ebenfalls Amüsierlokale
Türke, Heiliger Krieg, Niederrad (S. 207): Es sind nicht die altgriechischen Heiligen Kriege gemeint, sondern die Kriege der Türken gegen Zentraleuropa. Diese Kriege wurden in der osmanischen Geschichtsschreibung als „Große Feldzüge", Heiliger Krieg, Gesegneter Glaubenskampf usw. bezeichnet. Einen solchen Krieg im Niederrad (auf der linken Main-Seite Frankfurts) auszurufen, ist grotesk und soll hier auf Lenis Wechselhaftigkeit und Konzeptionslosigkeit weisen.

4.1.
Reichsbauernführer (S. 211): Er leitete den „Reichsnährstand", der am 13. 9. 1933 als Selbstverwaltungsorganisation gegründet wurde und alle in Ernährungs-, Land- und Forstwirtschaft Beschäftigten erfasste. Der oberste Führer war Dr. Walter Darré, Autor des 1929 erschienenen Buches *Das Bauerntum als Lebensquell der nordischen Rasse*, seit 29. Juni 1933 zum Reichs- und Preußischen Minister für Ernährung und Landwirtschaft ernannt.
Domäne (S. 212): Staatsgut, Staatsbesitz
falsches Zeugnis wider deinen Nächsten (S. 212): das achte der christlichen *Zehn Gebote*

4.2.
Schumanntheater (S. 213): Varieté-Theater in Frankfurt/M.

4.3.
in Spanien um Teruel, die japanischen Truppen in China einfielen (S. 225): Die Schlacht um Teruel fand vom Dezember 1937 bis Februar 1938 statt, Teruel wurde weitgehend zerstört. Die schweren Kämpfe begannen jedoch schon

früher und führten am 11. Oktober 1937 zum Verlust der Industriezone des Nordens an die Faschisten. Der Krieg Japans gegen China hatte bereits an 7. Juli 1937 mit einem von den Japanern inszenierten Zwischenfall an der Marco-Polo-Brücke in der Pekinger Gegend begonnen. Der Zusammenhang der weltweiten Vorgänge wurde Anna Seghers 1937 im Sommer auf dem Schriftstellerkongress bewusst, bei dem auch journalistisch der deutsche Faschismus, die spanischen Falangisten (Faschisten) unter Franco und der japanische Überfall auf das China des Generalissimus Tschiang kai-Schek nebeneinander gesehen und die antifaschistischen Freiwilligen in Spanien auf ein neues Stadium faschistischer Aggressionen weltweit vorbereitet wurden.[60]

Wärst du nach Spanien (S. 230): Heisler stellt sich die Frage, ob er sich den Internationalen Brigaden in Spanien angeschlossen hätte, die etwa 25 000 Kämpfer, unter ihnen 5000 Deutsche, umfassten.

Jüngstes Gericht (S. 232): Georg prüft als ein weltlicher Jesus Christus die Menschen seines bisherigen Lebens auf ihre Zuverlässigkeit, Ehrlichkeit und Treue. – Beim Jüngsten Gericht am Ende der Tage wird Christus, begleitet von den Erzengeln, als Weltenrichter die Lebenden und die Toten richten; die Sünder (Böcke) kommen in die Hölle, die Reinen (Schafe) in das Paradies (vgl. Ernst, der Schäfer und seine Idylle).

4.4.

Suddelzuber (S. 233): Schmutzeimer (von „sudeln" = schmieren, Schmutz verbreiten)

60 Vgl. Klaus Hermsdorf, Hugo Fetting, Silvia Schlenstedt: *Exil in den Niederlanden und in Spanien.* Leipzig: Reclam, 1981 (Kunst und Literatur im antifaschistischen Exil 1933–1945 in sieben Bänden, Bd. 6), S. 270 ff. Dass diese Themen zu den besonders favorisierten gehörten, wird in der Auflistung von Veröffentlichungen erkennbar.

General Mangin von der Interalliierten Kommission (S. 233): vgl. 1.1. *Interalliierten Kommission* (s. S. 53 dieser Erläuterung)

Boulevard Sebastopol (S. 234): Pariser Hauptstraße, die vom Westbahnhof ins Zentrum führt, benannt nach der Stadt, Festung und dem Kriegshafen Sewastopol (Krim), der während des Krimkrieges (1853–56) nach einjähriger Belagerung und großen Verlusten auf beiden Seiten fiel.

Gebt dem Hitler, was des Hitlers ist (S. 235): Variation eines zum geflügelten Wort gewordenen Ausspruchs Jesu (bei Matthäus 22,21 und anderen). Der Satz „So gebet dem Kaiser, was des Kaisers ist, und Gott, was Gottes ist!" ist Teil der Auseinandersetzung mit den Pharisäern, die Jesus zu einer falschen Entscheidung in Steuerpflichten provozieren wollten.

Kraft durch Freude (S. 235): Abk.: KdF, gegründet im November 1933 als Organisation der *Deutschen Arbeitsfront*. Sie sollte die Freizeitgestaltung der Arbeiter und Angestellten regeln. Das betraf Unterhaltungsveranstaltungen und Betriebssport ebenso wie Urlaubs- und Schiffsreisen, wobei die Schiffe während des Krieges als Truppentransporter und Lazarettschiffe eingesetzt wurden.

Vergünstigungen für Kinderreiche (S. 236): Kinderreiche Familien, die nach der faschistischen Rassenlehre „deutschblütig, lebenstüchtig und erbgesund" waren, bekamen einen Ausweis („Ehrenbuch für die deutsche kinderreiche Familie"), der als „Auszeichnung für die Pflichterfüllung zur Zukunftssicherung des deutschen Volkes" galt. Jüdische, osteuropäische und behinderte Familien, die kinderreich waren, durften den „Ehrennamen ‚kinderreich'" nicht tragen. Vergünstigungen waren Ehrenplätze bei Veranstaltungen, Bevorzugungen bei Behörden, steuerliche Vorteile, Erholungsurlaube, finanzielle Beihilfen und die Auszeichnung mit dem „Mutterkreuz"

(Ehrenkreuz der Deutschen Mutter). Im Roman ist die Familie Röder (4.5.) kinderreich und berichtet Georg darüber (S. 244).
das Kreuz ging diesmal vorüber (S. 236): Gemeint ist eine Schwangerschaft, die entweder nicht eintrat oder frühzeitig beendet wurde („guter Rat"). Für Frauen, die Abtreibungen vornehmen ließen, gab es hohe Strafen, die bis zur Todesstrafe reichten. Andererseits wurden die Schwangerschaften von Frauen, die als „erbkrank" befunden wurden, gesetzlich unterbrochen (Änderungsgesetz zum Gesetz über den erbkranken Nachwuchs von 1935)

4.5.

Die Liebe vom Zigeuner stammt (S. 240): Beginn der Habanera, des Auftrittsliedes Carmens aus der Oper *Carmen* von Georges Bizet. Oft auch gesungen als „Die Liebe von Zigeunern stammt", nach dem französischen Libretto von Meilhac und Halévy wäre auch möglich „Die Liebe ist ein Zigeunerkind".
Eintopfsonntag (S. 243): Er gehörte zu den Sammelaktionen des Winterhilfswerkes und brachte 1935/36 31 Millionen Reichsmark. Die Bevölkerung wurde aufgerufen, an bestimmten Sonntagen nur einfache Eintopfgerichte zu essen und das gesparte Geld zu spenden.
NS-Volkswohlfahrt (S. 244): im Mai 1933 gegründete Organisation der NSDAP, die 1935 der Partei als Verband angeschlossen und so wie diese organisiert wurde. Sie verdrängte andere Wohlfahrtsverbände oder schaltete sie gleich und verwandte ihre Mittel. Die Hilfe galt nicht dem einzelnen oder den bedürftigen Menschen, Goebbels betonte 1938 auf dem Reichsparteitag, die Hilfe gelte der „Gemeinschaft. Darum werden nur rassisch wertvolle erbgesunde Familien von der NSV unterstützt". Die NSV kümmerte sich um Gesundheits-

fürsorge, das Hilfswerk „Mutter und Kind", Eheberatung, die Kinderlandverschickung usw.

Wartburg, Martin Luther, Sängerkrieg, Venusberg (S. 244): Um 1206 soll auf der Wartburg der Sängerkrieg stattgefunden haben, an dem sich sechs Dichter beteiligten, unter ihnen Walther von der Vogelweide und Wolfram von Eschenbach. Auch wenn das vielleicht nur Sage ist, der Hof des Thüringer Landgrafen Hermann I. war eines der bedeutendsten Zentren der höfischen Literatur und Kunst um 1200. – Auf der Wartburg übersetzte Martin Luther als Junker Jörg vom Dezember 1521 bis zum Frühjahr 1522 das Neue Testament ins Deutsche. – 7 km östlich von Eisenach liegen die Hörselberge, die den Hintergrund für die Tannhäuser-Sage bilden. Zwei Höhlen am Großen Hörselberg wurden nach Tannhäuser und Venus benannt, Venus nahm den Sänger in diesem Berg, der deshalb mit dem Venusberg identifiziert wurde, zum Liebesspiel auf und wollte ihn nicht mehr fortlassen.

Krieg (S. 244): Paul Röder meint den Spanischen Bürgerkrieg 1936–39. Der von Franco ausgelöste Putsch, der sich auf die faschistische Falange, Monarchisten und den konservativen Klerus stützte, führte zu einem Bürgerkrieg. Francos Truppen wurden militärisch und mit Waffen von Deutschland, Italien und Portugal unterstützt, die Volksfront von internationalen Freiwilligenbrigaden.

Russland, Wie dort alles drunter und rüber geht (S. 246): Das zwiespältige Verhalten Stalins in Spanien, der zwar Waffen gegen Gold lieferte, aber revolutionäre Entwicklungen ablehnte und deshalb nicht unterstützte, führte bei deutschen Spanienkämpfern (Gustav Regler, Arthur Koestler u.a.) zum Zweifel an der Sowjetunion und dem Kommunismus. Schließlich drangen auch Informationen über die Schauprozesse (Radek) in Moskau nach draußen und Aufsehen erregte

die Rückberufung Kolzows, der die spanische Volksfrontregierung beriet, durch Stalin.
Luftschutz (S. 246): 1933 wurde der Reichsluftschutzbund gegründet. Der Luftschutzwart war der Leiter der Luftschutzgemeinschaft, die aus den Bewohnern eines oder einiger Häuser bestand. Seit 1935 gab es die gesetzlich bestimmte Luftschutzpflicht, d.h. ein Luftschutzkeller musste eingerichtet, das Verhalten bei Fliegeralarm geprobt und Aufräumarbeiten geübt werden.

4.6.

Frauenabend (S. 250): Die NS-Frauenschaft als Zusammenschluss der Frauenverbände sollte zuverlässige und dem Führer ergebene Frauen erziehen. Wöchentlich fanden dazu Frauenschaftsabende statt, an denen jedes Frauenschaftsmitglied mindestens einmal im Monat teilnehmen musste. Die Frauen sollten vor allem zu Hausfrauen und Müttern erzogen werden.
Stahlhelm (S. 251): Der „Stahlhelm", der Bund der Frontsoldaten, wurde im November 1918 von Offizieren zum Kampf gegen die Novemberrevolution gegründet. Er war an den Kämpfen der Freikorps beteiligt und bereitete die Machtübernahme Hitlers mit vor (Harzburger Front 1931). Sein Führer Franz Seldte wurde 1933 Minister in der Reichsregierung. 1933 wurden große Teile des Stahlhelm in die SA übernommen.
Habakuk (S. 257): gehört zu den kleinen Propheten des Alten Testaments, der mit einem Engel Daniel Essen in die Löwengrube brachte. Deshalb sind Topf oder Krug seine Attribute.
Maria Stuart (S. 258): Anspielung auf die schottische Königin Maria Stuart (1542–87), die eine schöne Frau war und

Anspruch auf den englischen Thron erhob. Königin Elisabeth von England, ihre Gegnerin, ließ Maria Stuart hinrichten. Sie wurde ein beliebtes Thema der Kunst und Literatur (z. B. bei Friedrich Schiller).
Heideröslein, Mühlenrad (S. 259f.): Else singt Goethes *Sah ein Knab ein Röslein stehn* in der populären Vertonung von Heinrich Werner 1827 (Heideröslein), die als einzige von über 50 Vertonungen zum Volkslied wurde, und Joseph von Eichendorffs *In einem kühlen Grunde* in der Vertonung von Friedrich Glück 1814 (Mühlenrad).

5.2.
Scharführer (S. 269): in Gliederungen wie SS, SA, HJ und Fliegerkorps Dienstgrad vergleichbar einem Unteroffizier oder Unterfeldwebel

5.3.
Obdach (S. 272): Das Wort gehört bei Anna Seghers zum Programm. Es ist das erreichbare Ziel eines Menschen, der Sicherheit sucht. Das Wort findet sich nicht nur in mehreren Texten der Seghers an herausragender Stelle. Am Endes des Romans *Transit* findet der Erzähler ein „Obdach". „Obdach" ist auch ein Synonym für Menschlichkeit und gab 1941 der Erzählung *Das Obdach* den Titel. Dagegen ist Zillich „obdachlos". Das Wort hat im Exil nach 1933 besondere Verwendung erfahren. In dem parallel zum Roman *Das siebte Kreuz* ebenfalls im Exil entstandenen Parabelstück Bertolt Brechts *Der gute Mensch von Sezuan* (1938–1940) wird das Obdach, das man finden kann, von den Göttern als Ausdruck von Güte und Menschlichkeit des Menschen und einer menschenwürdigen Welt betrachtet.

Volksgerichtshof (S. 280): 1934 per Gesetz zur Aburteilung von Hoch- und Landesverrat sowie später Wehrkraftzersetzung geschaffen. Seine Aufgabe war nicht Rechtsprechung, sondern Vernichtung von Gegnern und Andersdenkenden. Rechtsmittel waren gegen seine Urteile, die zunehmend Todesurteile wurden (1943: 1662 Hinrichtungen), nicht möglich.
EK I (S. 281): Das „Eiserne Kreuz", 1. Klasse. Anlässlich des Befreiungskrieges 1813 gestifteter preußischer Orden, der 1870 und 1914 erneuert wurde; er galt als hohe Kriegsauszeichnung. Er gliederte sich in das Großkreuz und zwei Klassen. 1939 wurde es von den Faschisten eingeführt.
Hochzeit zu Galiläa (S. 286): Jesus tut Wunder und verwandelt auf der Hochzeit von Kana in Galiläa Wasser in Wein (Vgl. Johannes 2,1–11).
Stammbäume und Gesundheitsatteste (S. 294): Jedes Brautpaar musste vor der Hochzeit auf dem Standesamt ein Ehetauglichkeitszeugnis vorlegen, das ein Ehehindernis ausschloss. Ehehindernisse waren bestimmte Krankheiten und Verstöße gegen das Blutschutzgesetz. Damit sollte unerwünschter oder nach den faschistischen Rasseauffassungen minderwertiger Nachwuchs vermieden werden. SS-Männer mussten sogar bei Himmler um Heiratsgenehmigung nachsuchen. SS-Führer und deren Bräute hatten einen Stammbaum vorzulegen, der bis 1750 nachwies, dass keine Juden unter den Vorfahren waren, andere SS-Männer und ihre Bräute hatten das ab 1800 nachzuweisen.

6.1.

Schönheit des Arbeitsplatzes (S. 322): „Schönheit der Arbeit" war seit 1933 ein Amt, dass für künstlerische Gestaltungen in Industriebetrieben verantwortlich war. Betriebe wurden durch Licht und Farbe verschönt, Büchereien und Aufenthaltsräume wurden eingerichtet.

6.3.

Ewiger Friede (S. 327): Elli erinnert sich an eine Belehrung, der Immanuel Kants *Zum ewigen Frieden* zu Grunde gelegen hat. Dessen Schrift hatte immer wieder zu Überlegungen veranlasst, wie stark die Wirkungen des Krieges sein müssten, um nach Leiden und Schlägen einen Frieden für möglich zu halten.

6.5.

Noske (S. 332): Gustav Noske (1868–1946). Sozialdemokrat, der beim Niederschießen des Spartakusaufstandes 1919 in Berlin als „Bluthund" bekannt wurde („Einer muss der Bluthund werden." Noske am 6. 1. 1919). Er war die Inkarnation für eine mörderische Politik gegen Arbeiter und für den Verrat der SPD an den ursprünglichen Zielen.
Watter (S. 332): Oskar Freiherr von Watter (1861–1939), Reichswehrgeneral. Er schlug den Generalstreik gegen den Kapp-Putsch nieder und bediente sich dazu auch der Truppen Kapps.
Lettow-Vorbeck (S. 332): s. 1.1. (S. 46 dieser Erläuterung)
Märchen sich auf die Stimmen der Vögel verstand (S. 333): Anna Seghers meint das Märchen der Brüder Grimm *Die weiße Schlange.* Der Diener eines Königs kostet von der geheimnisvollen Speise, die er täglich geheim seinem König bringen muss, dem nichts unbekannt bleibt. Es handelt sich bei der Speise um eine weiße Schlange. Nachdem der Diener davon gegessen hat, kann er die Sprache der Tiere verstehen. Zuerst hört er Vögel, die ihm dann auch zu Wohlstand und einer schönen Königstochter verhelfen. Dass dieses Märchen

auch mit dem Apfel vom Baume des Lebens ein zentrales Motiv des Romans bedient, dürfte kein Zufall sein. Indem der Jüngling und die Königstochter davon essen, „ward ihr Herz mit Liebe zu ihm erfüllt, und sie erreichten in ungestörtem Glück ein hohes Alter". Der Apfel verheißt Glück; in dieser Bedeutung wird der Apfel symbolisch im Roman eingesetzt.
Nadelöhr, durch das das Kamel eher geht (S. 337): Paradoxes Wort aus dem Neuen Testament (Matthäus 19,24): „Es ist leichter, dass ein Kamel durch ein Nadelöhr geht, denn dass ein Reicher ins Reich Gottes kommt." Gemindert wurde die Paradoxie, indem für das Nadelöhr eine kleine Pforte in der Jerusalemer Mauer angenommen wurde oder eine Verwechslung der aramäischen Wörter Kamel und Tau, die die gleichen Konsonanten enthalten. Als Redensart aber hat sich das Zitat als Beschreibung des Unmöglichen erhalten.

6.7.

Hanomag (S. 347): Auto aus der **Hanno**verschen **M**aschinenbau-**A**ktien**g**esellschaft (später Rheinmetall-Hanomag). Als kurioses Fahrzeug wurde das Hanomag-„Kommissbrot" bekannt, von dem es volkstümlich hieß: „Ein bisschen Blech, ein bisschen Lack, und fertig ist der Hanomag."
Rauscher (S. 348): schäumender Most, frischer, nicht fertig vergorener Wein

6.9.

Amerongen in Holland (S. 357): 1918 entsagte der letzte deutsche Kaiser Wilhelm II. dem Thron und zog sich nach Holland zurück. Er lebte bis zu seinem Tod 1941 in Doorn.
Hauptbuch (S. 360): In diesem Buch werden die Geschäftsverhältnisse verzeichnet. Es gehört insbesondere zur „doppel-

ten Buchhaltung", weil es Geschäftsvermögen und Veränderungen nach Konten geordnet darstellt.

Malachit (S. 360): Schmuckstein aus Kupferspat; smaragdgrünes, glasähnliches Mineral, in Märchen und Sagen verwendet als Schrein für scheintote Prinzessinnen, Bergleute usw.

Ursulinen (S. 360): katholischer weiblischer Orden (Abk. OSU) als Vereinigung ohne Gelübde, 1535 in Brescia gegründet; Orden für Erziehung und Unterricht der weiblichen Jugend

Zeil (S. 363): berühmte Einkaufsstraße in Frankfurt/M. in ostwestlicher Richtung durch das Zentrum führend. 1330 war hier eine ein-**zeil**-ige Häuserreihe entstanden, die der Straße den Namen gab: 1632 wurde der Name erstmals auf dem Stadtplan vermerkt.

Drittes Reich (S. 365): propagandistische Bezeichnung für das Deutsche Reich zwischen 1933 und 1945. Die nationalsozialistische Geschichtsschreibung sah das Erste Reich im Heiligen Römischen Reich deutscher Nation von 962 bis 1806, das Zweite Reich im Kaiserreich der Hohenzollern von 1871 bis 1918. Man verband den Begriff außerdem mit der Vorstellung von einem tausendjährigen Reich. – Seit dem 10. Juli 1939 durfte der Begriff in der Presse nicht mehr verwendet werden, weil Gegner des Faschismus in Spottversen von einem „Vierten Reich" sprachen. Möglicherweise hat deshalb Anna Seghers diesen Begriff am Ende ihres Romans, der 1939 entstanden ist, verwendet. – Nicht zu verwechseln ist der Begriff des Dritten Reiches mit der Vorstellung von den drei Reichen, die in der Theologie und Philosophie seit Joachim von Fiore eine Rolle spielen und im 19. Jahrhundert, etwa in Henrik Ibsens *Kaiser und Galiläer*, einen Ausgleich zwischen irdischem und himmlischen Reich anstrebten und dafür ebenfalls den Begriff des „Dritten Reiches" verwendeten. Anna Seghers

kannte diese Differenzierungen durch die Arbeiten ihres Mannes über die chiliastische Erlösungsidee.[61]
der Kelch ja vorbei (S. 370): Aus Jesus' Gebet in Todesangst („Mein Vater, ist 's möglich, so gehe dieser Kelch von mir." Matth. 26,39) wurde der verbreitete Stoßseufzer „Möge dieser Kelch (dieses Leid) an mir vorübergehen!"

7.1.

Erbhofgrenze (S. 380): s. 1.4.; die Größe des Erbhofes musste nach dem Reichserbhofgesetz mindestens 7,5 ha betragen. das galt als Größe, mit der eine Familie unabhängig vom Markt versorgt werden konnte. Messer hatte mit Prokaski verhandelt, dass der weniger als 7,5 ha hat. Lag man unter der Grenze, konnte der Hof verkauft, auch unter verschiedene Erben aufgeteilt werden usw. Das war mit Erbhöfen nicht möglich.

7.2.

Kraft durch Freude (S. 386): s. 4.4.

7.3.

Römer (S. 394): Kurzform für Römerberg in Frankfurt/M., Bezeichnung des alten Rathauses der Stadt, das sich aus mehreren neben- und hintereinander liegenden Gebäuden zusammensetzt, die die Stadt aufkaufte. Der Name stammt wohl von den italienischen Kaufleuten, die während der Messe dort wohnten.
Kasteler Brücke, Kasteler Brückenkopf (S. 397, 420; 7.6.): Brücke in Mainz, die zum Stadtteil Kastel auf die rechts-

61 Hans Otto Horch und Bernhard Spies: *Zur Faszination chiliastischen Denkens nach dem Ersten Weltkrieg.* In: Argonautenschiff Nr. 8, 1999, S. 167–181 (Untersuchung der Spuren der Chiliasmus-Debatte im Werk Anna Seghers')

rheinische Seite führt. Georg muss diese Brücke von Kastel (Brückenkopf) nach Mainz am Ende des Romans (der Flucht) überqueren.

vier Reiter der Apokalypse (S. 402): Sie verkörpern das Strafgericht (Apokalypse), das über die Menschheit hereinbricht (Offenbarung 6, 2–8). Ihre Attribute sind Bogen, Schwert und Waage. Die bekannteste Darstellung ist die Dürers aus dem Holzschnittzyklus zur Apokalypse (1498).

Luftschutz (S. 403): s. 4.5. Die Luftschutzpflicht stand „wertmäßig neben der Wehrpflicht"[62]

7.5.

Jazzmusik abgelöst hatten (S. 411): Den Nationalsozialisten galt Jazz als „Niggerei und jüdische Frivolität[63], vor allem, weil er vorwiegend von Schwarzen gespielt wurde. Jazz wurde mit der „Anordnung über unerwünschte und schädliche Musik" vom 18. Dezember 1937 verboten.

Ribbentrop (S. 411): Joachim von Ribbentrop (1893–1946, als Hauptkriegsverbrecher hingerichtet in Nürnberg), mit außenpolitischen Aufgaben im Faschisnmus betraut, 1936–38 Botschafter in England, seit 1938 Reichs-Minister des Auswärtigen

SS-Bräuteschule (S. 411): seit 1936 geschaffene Schulen für Bräute von SS- und SA-Angehörigen, für die SS-Bräute war es Pflicht. Die Frauen, zwischen 1934 und 38 waren es 1,7 Millionen, wurden in sechs Wochen geschult über Politik, Haushaltführung und Kindererziehung.

Kostheim (S. 412): rechtsseitiger Stadtteil von Mainz am Zusammenfluss von Main und Rhein

62 Vgl. Hilde Kammer/Elisabet Bartsch: *Jugendlexikon Nationalsozialismus. Begriffe aus der Zeit der Gewaltherrschaft 1933–1945.* Reinbek bei Hamburg: Rowohlt, 1990 (74.–79. Tausend), S. 121

63 Kudwig K. Mayer: *Unterhaltungsmusik.* In: Die Musik, Dezember 1938, S. 163 (zit: Jugendlexikon Nationalsozialismus, S. 172)

Heiliger Martin (S. 414): Vgl. 2.4. Der Mainzer Dom war dem Hlg. Martin und dem Hlg Stephan geweiht. Wie der Hlg. Georg war Martin ein ehemaliger Soldat, der getauft und ein Muster der Tugend wurde. Die häufigste Darstellung ist die, wie Martin von Tours (um 316–397) seinen Reitermantel mit einem Bettler teilt; seither gilt er als Beispiel von Barmherzigkeit. Der Legende zufolge erschien in der Nacht nach der Mantelteilung Christus mit dem Mantelstück, er war der Bettler, und sprach „Ich bin der, den du verfolgst." Martin wurde einer der populärsten Heiligen, der Schutzpatron Frankreichs, später auch von Mainz und Würzburg. Er war gegen jede Gewalt. Georg Heisler sieht ihn zum zweiten Mal. Vgl. S. 63 dieser Erläuterung.

2.6 Stil und Sprache

Der **Titel** hat Nachfragen bewirkt, warum er „Das siebte" und nicht „Das siebente Kreuz" heißt. Sprachgeschichtliche Gründe lassen sich nennen- „siebte" ist moderner - und metrische Gründe - es entsteht ein Titel im bewährten Jambus, nicht mit dem schweren Daktylus. Anna Seghers selbst antwortete auf die Frage stets etwas gereizt, so würde man das Wort in ihrer Heimat verwenden und nicht anders. Der Titel ist nicht nur die Beschreibung des brutalen Einfalls des Lagerkommandanten, sondern dadurch werden die Häftlinge auch „zu einer weltgeschichtlichen Schicksalsmacht in Beziehung gesetzt"; sie werden nicht erniedrigt, wie es die Absicht des KZ-Kommandanten war, „sondern moralisch erhöht".[64] Die Marder, die sie erleiden müssen, steht für das Leid ihres Volkes. Dafür werden in hohem Maße **christlich geprägte Wortfelder** benutzt, die allerdings säkularisiert werden. Wallau geht den Weg bis zu Ende, Georg „aber bleibt sein Golgatha erspart"[65]. Das kann auch als Hinweis verstanden werden, nicht der Opfertod bedeutet Erlösung, sondern das sinnvolle Leben. Indessen sieht sich Anna Seghers nicht im Gegensatz zur christlichen Mythologie, sondern nimmt diese in ihr Weltverständnis als einen Versuch zur Errettung der Menschheit auf.
Der **Stil** wird beeinflusst durch die **Wechsel des Erzählens**. Der innere Monolog als ein modernes Erzählmittel, um in die Figur zu sehen und vor allem das zu erfahren, was die an der Szene Beteiligten nicht erfahren, wird von Situation und Ablauf her in Wallaus Schweigen eingesetzt. Während er im Verhör geradezu totenähnlich schweigt und sich in diesen Zustand flüchtet, wendet er sich an die Nichtbeteiligten, also auch an den Leser, die direkt angesprochen werden: „**Sie** (als

64 Batt, S. 148
65 ebd., S. 149

Anrede, R. B.) waren ja eben Zeuge seiner letzten Worte."(3.4., S. 190)

Folgt man dem Text ergibt sich, dass **Landschaften und Natur** nur dann beschrieben werden, wenn in ihnen Subjekte agieren; Menschen ohne Landschaft gibt es wie auch den umgekehrten Vorgang nicht. Daraus folgt, dass keine sich verselbstständigenden Innenwelten entstehen. Der Leser muss die Details aufeinander beziehen und bei der Lektüre stets parat haben. Es wird ein sprachlicher Zustand geschaffen, der die Handlung in der Schwebe hält: Genaue Angaben wechseln mit Fiktionen und gewollten Ungenauigkeiten, Orte und Bauten sind bis ins Detail nachzuvollziehen, Wege können auf der Karte verfolgt werden. Aber das KZ Westhofen gab es nicht und auch nicht den Ort Schmiedtheim und vieles andere. Dem Leser wird eine erschließbare und nachvollziehbare Landschaft angeboten, die genügend **Fantastisches und Symbolisches** enthält, um nicht zum Dokument zu werden.

Ein Text im Schwebezustand und seine Symbole

Der **Sieben** ist zu folgen[66]. Sie ist nicht nur eine mythische, sondern auch eine märchenhafte Zahl. Es gelingt dem siebenten Häftling am siebenten Tag sich zu retten, während die drei Verfolger leer ausgehen. Kurz vor Heislers Rettung wird an Schneewittchen erinnert, an „sieben Tellerchen" und „sieben Gläschen" (6.9, S. 336). Im Märchen wird das kleinste, aber siebente Geißlein gerettet, der siebente Zwerg stolpert und Schneewittchen wird dadurch vor dem Tod gerettet usw. Die Seghers liebt die Ordnung und den Zyklus, die Zahlen und ihre Beziehungen. „Streben nach zyklischer Gestaltung und Primat der Einzelgestalt"[67] stehen miteinander im Zusammenhang. Zur Sieben gehört häufig die Dreizahl. Das betrifft

---

66 Vgl. dazu auch: Elsner, S. 44 f.

67 Hans Mayer: *Nachwort*. In: Anna Seghers: *Der Ausflug der toten Mädchen*. Leipzig: Reclam, 1962, S. 63

einzelne Texte, in denen sich manches dreimal ereignet, und zusammengehörende Texte: Drei Geschichten fügen sich zu einem Zyklus, drei mal drei zum Band *Kraft der Schwachen* (1965), drei Romane zu einer Trilogie, drei Bäume zu einer Reihe von Kurzerzählungen (*Die drei Bäume*, 1940).

Die mythische Bedeutung der Zahlen

Der Sieben steht immer wieder die Drei gegenüber: Es werden drei Vertreter des KZs genannt, es sind drei Häftlinge übrig, die sie an ihre Kreuze binden können. Im Halbtraum sieht Georg seine drei Peiniger, aber „alle Drei (sind) tot" und zerfallen zu Staub. (S. 383) Diese Betonung lässt auch eine Umwertung erkennen: Es waren drei Kreuze, die beim Tod Jesus Christus' standen; nun sind es sieben Kreuze. Beide Zahlen haben eine ausgeprägt mythische Bedeutung. Die Drei ist vor allem eine religiöse christliche Zahl, die in der Trinität vorhanden ist, in den Riten und Prophezeiungen. Die Sieben ist eine vor allem heidnische und mythische Zahl. Drei und Sieben gemeinsam ergeben die Zehn, jene Zehn, die in Heinrich Bölls Roman *Billard um halbzehn* (1959) die unerfüllten Ideale, die zerstörten Utopien und die dauernde Zerstörung repräsentiert. Hier sind sich zwei große Autoren des 20. Jahrhunderts in Absicht und literarischen Mitteln sehr ähnlich, denn auch Böll arbeitet mit Dreier- und Siebenerreihen. –
Am Lebens- und Schaffensende stehen bei Anna Seghers drei Frauen, deren drei Lebensläufe sich zum Geschichtspanorama fügen. Befragt nach der Bedeutung der Drei sagte sie: „‚Drei' gilt seit Jahrtausenden als schicksalshafte Zahl. Aber nicht wegen dieser Tradition fasse ich oft drei Erzählungen zusammen, sondern weil sich das Wesentliche in drei Geschichten leichter ausdrücken lässt. Das muss nicht so sein, kann aber so sein."[68]

---

68 Prospekt des Aufbau-Verlages zum 80. Geburtstag von Anna Seghers „Ich schreibe, fast seit ich bewusst lebe …". Berlin 1980, S. 14

2.7 Interpretationsansätze

Die wichtigste zeitgenössische Wirkung des Romans bestand darin, den **Nationalsozialismus für besiegbar** zu halten. Obwohl die Faschisten ihren gesamten Apparat aufbieten, um die sieben Entflohenen zu fangen, entkommen zwei: Der alte Bauer August Aldinger gelangt in sein Heimatdorf und stirbt im Angesicht der Heimat einen ruhigen Tod ohne Folter und ohne ans Kreuz gehängt zu werden. Georg Heisler entkommt ins Ausland. Das ist symptomatisch: Die Heimat ist nicht mehr Ort des Lebens, sondern des Sterbens. Heimatverzicht ermöglicht Leben. Die wichtigste heutige Wirkung ist, **brutaler Gewalt gegen „Andere" mit persönlicher Haltung zu begegnen**. – Georg Heisler entkommt in die Freiheit, es entkommt einer von sieben. Diese Relation könnte bedenklich stimmen. Die Rettung Heislers hat aber eine weit reichende Bedeutung. Einer der Häftlinge des KZ Westhofen wird zum Sprachrohr der Schriftstellerin, wenn er die Bedeutung der Flucht beschreibt: Starke Feinde dürfen sich durchaus irren, zumal sie die Irrtümer nur noch menschlicher machten, aber

> *„wer sich als Allmacht aufspielt, (darf sich) niemals irren, weil es entweder Allmacht ist oder gar nichts" (3.2., S. 168).*

Ein Entkommener wird zum Zeichen der Schwäche des Faschismus und zur Hoffnung aller Antifaschisten, denen das Buch berechtigt gewidmet ist.

Georg als weltlicher Richter

Georg Heisler wird die besondere Aufgabe zuteil, ein weltliches Jüngstes Gericht durchzuführen. Er hat sein eigenes Leben solcher Gerichtsbarkeit unterzogen (S. 232) und Urteile gefällt. Seine Flucht hat den Umfang der zu richtenden Vorgänge und Personen vergrößert. Gegen Ende des Romans werden mehr und mehr Fälle für dieses Gericht aufgelistet, an der Spitze steht der Mord an Wallau. Der „wird am Tag des Gerichts schwer zu Buche stehen" (6.7., S. 353). Der Tag des Gerichts ist ein säkularisiertes Jüngstes Gericht, an dem Georg Heißler als ein weltlicher Jesus die Urteile fällen wird. Das Thema findet sich mehrfach im Roman.

Betrachtet man die Sacherklärungen, fällt auf, dass der Hauptteil für den 1. Abschnitt des 1. Kapitels notwendig ist.

Der Leser wird zuerst durch ein ländliches Panorama geführt, dass am Main liegt und den Rhein ahnen lässt. Zentrum dieser Landschaft ist Mainz. Durch die Geburtsstadt empfing die Seghers nach eigener Aussage „den Originaleindruck", wie Goethe den ersten prägenden Eindruck nannte. Dass *Das siebte Kreuz* bei Mainz spiele, Heisler einen Tag im Mainzer Dom verbracht habe und dass „ihm auf einem Rheinschiff die Flucht gelingt", sei kein Zufall gewesen, sondern Nutzung des „**Originaleindrucks**".[69] Während der Leser die Landschaft beschrieben bekommt, wird aufwendig die Geschichte der Landschaft erinnert, die bis in den Mythos zurückreicht. Die **Bewegungen durch die Landschaft und durch die Geschichte** verfolgen zwei Absichten. Zum einen wird die Geschichte, die der Leser erfahren soll, in einen großräumigen zeitlichen und territorialen Kontext eingeordnet. Zum anderen wird alles in Bewegung gezeigt; das einzig Gesicherte ist die Veränderung. In der Tradition des „Alles fließt" Heraklits ist Symbol dafür der Fluss: „Wie viele Feldzeichen hat er schon durchgespült, wie viele Fahnen." Damit es in seiner dialektischen Struktur einprägsam ist, stehen sich Ruhe und Bewegung immer wieder als einander bedingend gegenüber. Zu Beginn wird es in die formel-

Veränderung als einzig Gesichertes, der Fluss als Symbol

69 Anna Seghers: *Gruß an die Geburtsstadt, 1975*. In: Über Kunstwerk und Wirklichkeit. Bd. IV, hg. von Sigrid Bock. Berlin: Akademie-Verlag, 1979, S. 129

hafte Prägung gebracht: „Jedes Jahr geschah etwas Neues in diesem Land und jedes Jahr dasselbe ...". Der Geschichtsablauf wird mit Versatzstücken aus dem Beginn des 1. Kapitels, 1. Abschnitt, im 6. Kapitel, 2. Abschnitt wiederholt. Der Zeitpunkt ist gekommen, dass die Gegenwart in diesen Geschichtsablauf, der nur Herausragendes aufnimmt, mündet. Nach der Erinnerung an die Geschichte wird der Alltag wiederholt: Kapitel 1. Abschnitt 3 bekommt seinen Platz. Mit den Wiederholungen wird der Rahmenschluss vorbereitet. Ähnliche **Vermittlungen durch Wiederholungen** finden sich mehrfach und organisieren den Roman wesentlich. Solche Wiederholungen betreffen den Hl. Martin und die Au.

Wie wird der Hl. Martin eingesetzt? Auf einem Tiefpunkt der Flucht (2.4.), verletzt und hilflos, sucht Georg im Mainzer Stadtbild den Dom und findet ihn nicht. Erst „als Georg seinen Kopf in den Nacken legte" (S. 104) sah er den obersten Turm und den Heiligen Martin. Mit der Behandlung durch Dr. Löwenstein hatte er erste Barmherzigkeit erlebt. Der Hl. Martin und Barmherzigkeit gehören zueinander. - Kurz vor seiner Rettung (7.6.) steht Georg in der Maaraue und schaut auf Mainz, nun erblickt er ohne Schwierigkeiten zwei der Türme des Doms und den Heiligen Martin vor sich. Selbstlose Hilfe und Barmherzigkeit vieler „Martins" haben ihn hierher ans Tor zur Freiheit geführt.

Auch **die Au wiederholt sich**: Als die Lagerleitung des KZ die Verfolgung der Häftlinge organisiert, wird als äußerster Punkt des abzuriegelnden Gebietes „das rechte Rheinufer" genannt: „... abriegeln das Stück zwischen Fähre und Liebacher Au ... Posten auf die Liebacher Au!" (S. 29).

Als Georg sich auf die letzte Etappe seiner Flucht vorbereitet, ist eine Au das offene Tor in die Freiheit. Als Georg sie erreicht hat, kann er sich seiner Rettung fast sicher sein:

„Er schlenderte über die Au unter vielen Leuten, die den Sonntag genossen ... Die Au erweiterte sich, er war an der Mainmündung angekommen, viel eher als er gedacht hatte. Der Rhein lag vor ihm ..." (S. 413).

Ergänzt werden diese Abläufe durch die Spannung, zwischen deren Polen sie sich vollziehen. Sie wird in das **Bild von Berg und Tal** gebannt: Es besteht aus den Bergen mit der Sonne und den Äpfeln, „unzähligen kleinen runden Sonnen", und dem Tal mit dem Nebel und einer „weichen verdunsteten Sonne" (S. 13). In dem Tal sind Völker „gar gekocht worden" (S. 13); das ist ein Bild aus Dantes *Göttlicher Komödie*. Die Konfrontation von Licht (Sonne, Berge, Schäfer) und Finsternis (Nebel, Asche (1.2.), Täler, gebrochene Menschen) durchzieht den Roman. Vor allem der Nebel in vielen Variationen verbindet sich mit Tod, mit Bedrohung und Vernichtung: der tote Belloni wirkt „vernebelt"(S. 214). Heisler, in fast aussichtsloser Situation in ihm steckend, wünscht sich Wallau herbei, nur zwei Minuten „in welcher Hölle immer" (S. 140). Nebel, Asche, Staub und Hölle werden zu Synonymen. Als Heisler mit einem Fremden, einem Ausländer zwischen Tal und Berg fährt, bringt es der Fremde auf die kürzeste Formel: „Oben Wald, hier näher Staub." (S. 175) Licht und Dunkel geben den sieben Tagen, die die Schöpfungsgeschichte variieren und aus dem Dunkel und Chaos einen Weg für die Flüchtlinge suchen wollen, ein Gerüst, hinter dem ein zweiter Mythos umrisshaft erkennbar wird. **Himmel und Hölle** stehen sich gegenüber, Dantes *Göttliche Komödie* könnte Vorbild gewesen sein. Kristallisationspunkt der symbolhaft aufgeladenen Eröffnung sind zusätzlich die Äpfel, die immer wieder genannt werden. Als Franz für Elli eine Botschaft hat, wird die Begegnung durchgehend mit dem Wort „Apfel" verfolgt

Der Mythos von Himmel und Hölle

(S. 221f.). Führen Symbole wie Adam, Eva, der Apfel[70] und andere zu einer biblisch-mythologischen Bezugsebene, so lassen andere eine Ebene erkennen, die erst bei genauer Lektüre offenkundig wird.

Säkularisierungen

Unter der nachvollziehbaren Gegenwartshandlung finden sich **mythische Urbilder** (Archetypen). Das verwundert bei der Kunsthistorikerin Seghers nicht. In *Transit* war es das Schicksal des Odysseus, was immer wieder durchschimmerte. Im *Siebten Kreuz* sind Urbilder vorhanden, von der Antike Homers über Dantes *Göttliche Komödie* bis zur christlichen Ikonografie. **Die beiden Wörter des Titels**, die leitmotivisch wiederkehren, weisen darauf hin. In der Umkehrung christlicher Symbole liegt ihre Bedeutung im Roman: Nicht Christus am Kreuz ist der Sieger, sondern Heisler, der nicht ans Kreuz geschlagen werden konnte, ist Sinnbild der Rettung. Die Bewegung des Romans geht nicht auf das Kreuz hin, sondern vom Kreuz weg. Christliches wird auch zitiert, weil es das Grauen des Faschismus wie auch andere Grauen nicht zu verhindern vermochte. Christliche Symbole, Motive, Figuren und Handlungen werden weitgehend säkularisiert, um den Menschen als Möglichkeit für die Überwindung des Grauens vorzustellen.

Das war zu dieser Zeit in der Literatur kein Einzelfall. Georg Heisler trägt die Züge eines säkularisierten menschlichen Heiligen, der durch die Güte zahlreicher Menschen gerettet wird. Wenn Franz, der Mann, diesmal Elli, der Frau, die Äpfel bringt, die gefährlich werden können (4.6.), ist das nicht nur eine Umkehr des Sündenfalls aus der Bibel (Eva bot Adam den Apfel an), sondern seine Umkehr und Verwerfung: Mit diesen Äpfeln wird nicht eine Vertreibung wie die aus dem

70 In der Erzählung *Das Ende* wird Zillich mit dem Sündenfall konfrontiert: Eva sei eine neugierige Frau gewesen, „sonst hätte sie ja damals überhaupt nicht in den Apfel gebissen“. (In: Der Bienenstock, Bd. 2, Berlin: Aufbau-Verlag, 1963, S. 61)

Paradies ausgelöst, sondern die Rettung eines Menschen. Im gleichzeitig entstandenen Parabelstück **Bertolt Brechts**[71] ***Der gute Mensch von Sezuan*** suchen drei Götter einen einzigen guten Menschen, um die Welt nicht als gescheitert betrachten zu müssen: „Was für eine Welt haben wir vorgefunden, Elend, Niedrigkeit und Abfall überall!"[72] Sie befürchten, ihre „Gebote" und „sittlichen Vorschriften" streichen zu müssen, weil die „Leute genug zu tun (haben), nur das nackte Leben zu retten". Die Beschreibung der Gebote gerät bei der Suche nach dem guten Menschen zur Umkehr der Zehn Gebote. Das entspräche einer Beschreibung der Handlung des *Siebten Kreuzes*: Um der Rettung Heislers willen müssen Gebote, Gesetze und Ordnungen gebrochen werden, die sich als menschenfeindlich erwiesen haben. Brechts guter Mensch konnte gut sein, weil eine böse Entsprechung in ihm steckte: Die gute Shen Te musste sich in der Not in den harten Vetter Shui Ta verwandeln, dreimal. In beiden Werken, bei Anna Seghers und Bertolt Brecht, werden Menschen nicht aus einem abstrakten Tugendbegriff erklärt, der sich aus metaphysischen Geboten ergibt, sondern durch die Anstrengung, auf Erden menschlich und gut zu sein.

Die Suche nach dem guten Menschen

Dass die Kritiker nach dem Erscheinen des *Siebten Kreuzes* in den USA ihrer „tiefsten intellektuellen Bewunderung" Ausdruck gaben, die „erstaunliche Vollendetheit" und „das gewaltige menschliche Erlebnis" priesen und das Buch sofort zu „einem neuen Klassiker" erhoben[73], lag an diesen Urbildern,

71 Brecht kannte den Film *Das siebte Kreuz*, in dem seine Frau Helene Weigel in der stummen Rolle einer Hauswartsfrau 1944 den einzigen Auftritt im amerikanischen Exil hatte. Brecht war Anna Seghers freundschaftlich verbunden.

72 Bertolt Brecht: *Der gute Mensch von Sezuan.* In: Stücke, Bd. VIII. Berlin: Aufbau-Verlag, 1957, S. 379

73 Vgl. die mitgeteilten Kritiken bei Kießling, S. 439

die den Leser auch dort packten, wo ihm die Kenntnis des geschilderten Alltags fehlte. Zu christlichen Archetypen gesellten sich bildhafte Vorstellungen, die den Vorfall der sieben Flüchtlinge und der sieben Kreuze, der sich an sieben Tagen vollzog, zu einer neuen Weltschöpfung werden ließen, die von der Antike über das Christentum bis zu dem gegenwärtigen und doch zeitlosen Hirten Ernst reicht. Die Landschaft entsteht aus dem Widerspruch von arkadischer Landschaft, in der sich Götter tummeln („alle Götter der Welt", 1.1., S. 13), Schafe gehütet werden und ewige Sonne strahlt, und von höllischer Landschaft, in der Nebel und Rauch erkennbare Bilder verhindern und in der das KZ Westhofen Mittelpunkt ist. Dort ist der Nebel so dicht, dass selbst Scheinwerfer, die die „schwärzeste Nacht" erhellen würden, nichts bewirken (1.3., S. 23). Bilder fallen ein, verständlich bei der Kunsthistorikerin Reiling alias Seghers: Rubens' Bild *Das Urteil des Paris* könnte eine bildliche Vorlage gewesen sein; der Schäfer und Hermes mit Flügelhut samt rotem Halstuch, „ein Zipfelchen seines Schals steht stracks ab, als wehe beständig ein Wind" (1.1., S. 13). Rembrandts *Nachtwache* hat, besonders im Zentrum, die Helden, die den Arm in die Hüfte stemmen und ein Bein vorstellen. Anna Seghers stellt den Schäfer **Ernst ans Ende einer summierenden Reihe**, die aus zwei monotheistischen Göttern, zwei Fruchtbarkeitsgöttinnen und zwei alles Leben verzaubernden Göttern (s. S. 54 dieser Erläuterung: „Judengott" ff.) besteht. Der Schäfer Ernst der Anna Seghers ist „ein unschäferischer Bursche"(1.1., S. 12), der seine Herde auf die Apfelbaumwiese treiben will, im antiken Mythos ist er der „unschäferische" Königssohn Paris, der den Apfel der schönsten Frau reichen soll. Die Bauerntöchter kom-

Der Schäfer Ernst und der Schäfer Paris

men zu Ernst wegen seiner Qualitäten in der Liebe; zu Paris kommen die Göttinnen. Fünfmal beschreibt die Seghers diesen Schäfer auf engstem Raum, viermal wird das „knallrote" Halstuch beschrieben, einmal davon in einer summierenden Reihe von Götternamen. Die Szene prägt sich ein. Wem das Vorbild einfällt, der weiß, dass das Urteil des Paris Folgen hatte: Auf Rubens' Bild drängt sich die Göttin Eris mit der Brandfackel ins Bild: Das bedeutet Krieg. Die von der Seghers beschriebene Landschaft (1.1.) ist kein Arkadien, sondern dort wühlten „die Geschosse des letzten Krieges" die Geschosse des vorletzten heraus. Die Landschaft zwischen Rhein und Main ist eine Landschaft des Krieges. Mit dem Urteil des Schäfers Paris begann ein zehnjähriger Krieg, der die Grenze zwischen Mythos und Geschichte markiert. Ernst hat nichts mit den Nazis und nichts mit ihren Gegnern zu tun; er mag keine Menschen, die seine bukolische Welt betreten, außer den Mädchen natürlich, die ihn nachts besuchen. Er wirkt ebenso zeitlos wie ewig; er schafft die Dauer des Lebens in der Welt des Todes. Mit seinem Blick umfasst er „den ganzen Raum der Erzählung"[74]. – In dem Text *Ein ‚Führer' und ein Führer* (1934), der für den Kampf um die Befreiung Thälmanns geschrieben war, stellte Anna Seghers die Lebensläufe von Ernst Thälmann und Adolf Hitler gegenüber, wobei sie für Hitler nur Zitate aus *Mein Kampf* verwendete und ihn als den falschen „Führer" demaskierte. Eine solche Konfrontation vollzieht sich auch zwischen Ernst und Hitler. Ernst sagt von sich, er habe „bloß die Schafe" und sei „in dieser Beziehung wie der Führer". Auch habe er weder Weib noch Kind, wie der Führer. Er habe nur seinen Hund Nelli, Hitler aber eine Haushälterin

---

74 Egon Schwarz: *Lese und Lebenserfahrung mit Anna Seghers. 40 Jahre Lektüre Das siebte Kreuz.* In: Anna Seghers. Text + Kritik. Zeitschrift für Literatur. Hg. von Heinz Ludwig Arnold, Nr. 38 (Zweite Auflage. Neufassung) München 1982, S. 117

gehabt (3.1., S. 156). Endlich steigt Ernst zum Symbol des Lebens auf: Franz vermisst ihn, „als ob das Leben selbst fort sei in eine andere Gegend" (S. 323). In Anna Seghers' Denken kreuzen sich unterschiedliche Mythologien; christliche Gestalten bekommen die Züge antiker Gestalten und umgekehrt.

3. Themen und Aufgaben

Um die folgenden Themen und Aufgaben behandeln zu können, ist in der Regel die Lektüre des Romans erforderlich. Er hat ein umfangreiches Figurenensemble, das nur als Gesamtheit verständlich wird, er folgt einer simultan ablaufenden Stationenfolge. Die Lektüre einzelner Kapitel oder Abschnitte ist deshalb nur als Ausnahme möglich.
Die **Lösungshilfen** beziehen sich auf die Seiten dieser Erläuterung.

1) Thema: Fluchtwege

Lösungshilfe: s. S. 35 ff.

- Gehen Sie dem Schicksal der sieben entflohenen Häftlinge nach und beschreiben Sie ihre unterschiedlichen Schicksale.
- Untersuchen Sie die Begegnungen und Konstellationen, die die Entflohenen haben und erklären Sie, wie dadurch Fluchtweg und Schicksal bestimmt wird.
- Beziehen Sie andere Häftlings- und Flüchtlingsschicksale, die in Nebenhandlungen des Romans geschehen, ein und beschreiben Sie diese. Bilden Sie aus allen Flucht- und Häftlingsereignissen eine Zusammenschau, was die KZs im Nationalsozialismus darstellten.

2) Thema: Die Rettung Georg Heislers

Lösungshilfe: s. S. 38 ff.

- Verfolgen Sie den Fluchtweg Georg Heislers und kommentieren Sie das Verhalten der

Menschen, die ihm helfen oder schaden. Versuchen Sie eine Liste der Verhaltensmuster aufzustellen (Angst, Freundschaft, Gleichgültigkeit, Solidarität u.a.) und ordnen Sie Personen zu.

- Analysieren Sie den Charakter Georg Heislers und beschreiben Sie sein Verhältnis zu Ernst Wallau, Franz Marnet und den Frauen.
- Heisler ist eine literarische Hauptfigur des Romans. Wie entwickelt sich sein Handlungsvermögen im Roman (Denken Sie an den „Kreis" – 4.5., S. 243!)?
- Franz Marnet ist eine andere Hauptfigur im Roman. Wie verläuft seine Entwicklung und wie stellt sich sein Verhältnis zu Heisler dar?

3) Thema: Die Rolle der Symbole
Textgrundlage: 1.1., 2.7., 4.3. und 4.6.

Lösungshilfe: *s. S. 45 ff.*

- Gehen Sie dem Symbol der sieben Kreuze nach, vergleichen Sie es mit anderen bekannten Verwendungen der Symbole „Kreuz", „Sieben", „Höhe", „Tal" usw.
- Suchen Sie andere wesentliche Motive/Symbole des Romans und erklären Sie deren Bedeutung bzw. ihre Funktion im Roman (z. B. Nebel (1.3.), Apfel).

- Stellen Sie eine Liste der christlichen, der heidnischen, der märchenhaften Symbole auf und beschreiben Sie deren Funktion und Bedeutung im Roman.

4) Thema: Die nationalsozialistischen Verhältnisse

Lösungshilfe: s. S. 65 ff.

- Was erfahren Sie über den Nationalsozialismus und wie wirkte er sich im Alltag aus? Beschreiben Sie die Rolle von SA und SS im Roman.
- Den sieben Häftlingen stehen drei Vertreter des Lagers Westhofen gegenüber. Wie werden diese dargestellt? Vergleichen Sie sie mit den Häftlingen.
- Welche Gründe werden für das Denunziantentum im Faschismus genannt?

5) Thema: Die nationalsozialistischen Organisationen und Strukturen
Textgrundlage: Prolog und Epilog; 5.1., 5.2., 3.2.

Lösungshilfe: s. S. 19 ff.

- Stellen Sie die Organisationen dar, die im Roman eine Rolle spielen (SA,SS, HJ, BDM usw.). Wie werden sie von den Menschen im Roman aufgenommen? Gehen Sie dabei auch auf Heislers Brüder ein.
- Untersuchen Sie die Unterschiede zwischen der alten und der neuen KZ-Lagerleitung

(z. B. Fahrenberg x Sommerfeld).

- Beschreiben Sie das Leben der Jugend im Nationalsozialismus am Beispiel der Schulklasse, Heini Heislers, Fritz Helwigs u.a.

6) Thema: Die Rolle der Landschaft und Natur im Roman
Textgrundlage: 1.1., 1.5., 2.7.

Lösungshilfe: s. S. 46 ff.

- Beschreiben Sie den Handlungsraum des Romans und ordnen Sie ihm seine Geschichte zu.
- Verfolgen Sie den Zusammenhang von Landschaft und Fluchtverlauf. Erklären Sie, wie sie einander ergänzen und kommentieren.
- Beschreiben Sie den Fluchtverlauf Heislers und zeigen Sie den von Anna Seghers ausführlich einmontierten historischen Hintergrund der Landschaft, in der sich die Flucht vollzieht.
- Beschreiben Sie den persönlichen Bezug der Schriftstellerin zu dieser Landschaft.

7) Thema: Paradies und Hölle, Berg und Tal

Lösungshilfe: s. S. 27 ff.

- Verfolgen Sie die Stationen „Gehöft der Verwandten Franz Marnets" und KZ-Westhofen. Sie stehen sich wie Paradies und Hölle gegenüber. Erklären Sie die Beziehung.

- Welche literarischen Vorbilder, Bezüge oder mythische Beispiele lassen sich damit in Verbindung bringen und was bewirken sie?
- Verfolgen Sie den Schäfer Ernst durch den Roman und erklären Sie seine Funktion.

8) Thema: Spanien und die soziale Gegenwart im Roman

Lösungshilfe: s. S. 70 ff.

- Beschreiben Sie, wie sich Georg Heisler, Paul Röder und der Gärtner Gültscher zu dem Spanischen Bürgerkrieg stellen.
- Stellen Sie historische Vorgänge zusammen, die im Roman genannt werden oder eine Rolle spielen (Sowjetunion, Spartakusbund usw.).
- Welche politischen Haltungen nehmen die Figuren ein und bewähren sie sich während der Flucht der sieben Häftlinge?

Weitere Titel zum Thema:
Jan Petersen: *Unsere Straße* (1936);
Wolfgang Langhoff: *Die Moorsoldaten* (1935),
Willi Bredel: *Die Prüfung* (1934)

4. Rezeptionsgeschichte

Es ist das erfolgreichste Buch Anna Seghers', das allein in deutscher Sprache 70 Auflagen erlebte und in mehreren Millionen Exemplaren verbreitet ist. Die Reihe der Titel der Autorin, die literaturhistorischen Platz beanspruchen dürfen, ist je nach weltanschaulicher Herkunft unterschiedlich: Legte Thomas Rietzschel in der FAZ 1990 sich auf „drei großartige Bücher" fest – „Aufstand der Fischer von St. Barbara", „Das siebte Kreuz" und „Transit"[75], so erklärte im gleichen Jahr Gotthard Erler, damals Programmdirektor des Aufbau-Verlages, „Transit", „Das siebte Kreuz", „Die Toten bleiben jung" und etliche Erzählungen zum Bestand für die Literatur des nächsten Jahrhunderts. *Das siebte Kreuz* ist immer vertreten. Dabei hat der Roman die deutsche Literatur über eine Hintertür erreicht: Er erschien erstmals vollständig in deutscher Sprache 1943 in Mexiko, nachdem 1939 der Abdruck in der *Internationalen Literatur*[76] in Moskau nach den Heften 7–9 abgebrochen worden war.– Seinen Erfolg erreichte der Roman durch das **Erscheinen in den USA**. Dort wurde der Ruhm der Anna Seghers begründet. *The Seventh Cross* erschien zwischen 1942 und 1945/6 beim Book-of-the-Month Club und bei der U.S.-Armee, in Tageszeitungen, Zeitschriften und als Braille-Ausgabe für Blinde, als Hollywood-Film (Metro Goldwyn Mayer, Regie: Fred Zinnemann) und als Comicstrip. Es war ein besonderer Vorgang, dass eine kommunistische Schriftstellerin so erfolgreich in den USA wurde. Das erklärt sich wohl auch daraus, dass Film und Roman den Bedürfnissen

75 Thomas Rietzschel: *Last der Widersprüche*. In: FAZ vom 4. April 1990, S. 33

76 Die Zeitschrift erschien vom Juni 1931 bis Dezember 1945 in Moskau. Ab 1937 wurde ihr Titel erweitert um *Deutsche Blätter*. Neben sozialistischen deutschen Schriftstellern, bedeutenden ausländischen (Barbusse, Rolland) und sowjetischen Autoren (Gorki, Scholochow, Fadejew u. a.) waren auch Heinrich und Thomas Mann, Lion Feuchtwanger und Arnold Zweig beteiligt.

des amerikanischen Publikums entsprachen. – Zwei Dramatisierungen des Romans finden sich in einem U.A.-Archiv.[77] Gemeinsam mit der US-Autorin Viola Brothers Shore[78], die deshalb 1942 nach Mexiko reiste, wurde von Anna Seghers eine englischsprachige Bühnenfassung hergestellt, die lange als verschollen galt und erst kürzlich wiedergefunden wurde.[79] Das FBI schenkte dem Roman besondere Aufmerksamkeit, weil es glaubte, es sei der Codierungsschlüssel für Geheimbotschaften unter den Exilanten. Als deutsche Kriegsgefangene in die USA kamen, konnte der Roman gar nicht so schnell bereit gestellt werden, wie er für die Bibliotheken der POW-Lager (Kriegsgefangene) benötigt wurde.[80] Leserbriefe, in denen immer wieder bestätigt wurde, dass solche Ereignisse stattgefunden haben, begleiten den Erfolgsweg des Romans und seiner nachfolgenden Erzählungen. Die „reine Wahrheit" sei es gewesen.[81] Das Buch gab „Kraft" und „Zuversicht", auch in Situationen, die im grotesken Widerspruch zum Buch standen. So schrieb Andrew Thorndike aus einem sowjetischen Kriegsgefangenenlager über die Wirkung des Buches in dem Lager:

> *„Es waren Menschen sehr verschiedenen Herkommens, die ich sprach, – vom evangelischen Pfarrer bis zum KZ-Häftling, bürgerliche Intellektuelle, auch Handwerksleute, auch klassenbewusste Arbeiter. Sie alle bekamen einen Glanz in die Augen, jeder auf seine Weise, bei manchen war es förmlich ein Aufstrahlen; alle aber doch diesen guten Ausdruck, wie ihn das*

77 Stephan 1995, S. 450

78 Heute vertreten durch die Viola Brothers Shore Collection in Laramie, Wyoming.

79 Alexander Stephan: *Im Visier des FBI. Deutsche Exilschriftsteller in den Akten amerikanischer Geheimdienste.* Stuttgart – Weimar: Verlag J. B. Metzler, 1995, S. 414, Anm. 71

80 ebd., S. 475

81 Vgl. Argonautenschiff Nr. 9, 2000, S. 281

bereitwillige Ja-Sagen-Können zu einem Erlebnis mit sich bringt; alle sprachen mit einer schönen, nachdenklichen Andacht von dem großen Eindruck."[82]

Von besonderer Wirkung war, wie auch andere Zeugnisse bestätigen, die Wirkung des Romans auf Kriegsgefangene. Sie lasen ihn „mit einer schwer beschreibbaren Mischung aus Scham, Furcht und Hoffnung"[83]. Die individuelle Rezeption des Buchs, die nur angedeutet werden kann, ist von einer großen Breite und Vielfalt. Wünsche um Zusendung des Buches, um Unterstützung bei eigenen Berichten und bei der Beschäftigung mit dem „Schreckensgeist" des Faschismus spielten 1947 eine große Rolle im Briefwechsel Anna Seghers' mit Lesern und Freunden.[84] Der Roman war und blieb ein großes Gesprächsthema.

Dramatisierungen des Romans

Der Roman hat über weite Teile eine szenische Anlage, die vor allem in den Dialogen, aber auch in den simultanen Handlungsführungen deutlich wird. Seine Verfilmung 1944 in den USA bewies, welche **dramatische Kraft** in ihm steckt. So war es kein Wunder, dass er nach dem Krieg mehrfach dramatisiert wurde. Hedda Zinner schrieb 1955 **ein Hörspiel nach dem Roman**. In dreißig Szenen werden jene Episoden aufgenommen, die die „Kraft der Schwachen" beweisen. Das brachte Verzicht auf anderes mit sich, „Figuren werden typisiert, vieles im Roman in der Schwebe Gehaltene wird mit Deutung und Wertung versehen. Ausgespart werden die Handlungsstränge um den Marnet'schen Bauernhof, um den Schäfer Ernst"[85]. Diese

85 Ursula Elsner: *Hedda Zinners Hörspiel Das siebte Kreuz von 1955.* In: Argonautenschiff Nr. 8, 1999, S. 139

82 Andrew Thorndike an Anna Seghers vom 4. 3. 1948. In: Argonautenschiff Nr. 9, 2000, S. 285.– Andrew und Annelie Thorndike waren Regisseure, die vor allem mit dem historischen Dokumentarfilm berühmt wurden (*Du und mancher Kamerad*).

83 Gustav Schröder: *Anna Seghers' Das siebte Kreuz.* In: Argonautenschiff Nr. 9, 2000, S. 295

84 Anna Seghers: *Hier im Volk der kalten Herzen. Briefwechsel 1947.* Hg. von Christel Berger. Berlin: Aufbau Taschenbuch Verlag, 2000, S. 93 und öfter

Verluste gaben eine wesentliche Dimension, nämlich den Eintritt der politischen Gegenwartshandlung in eine weltgeschichtliche Dimension, auf. 1981 folgte eine **Bühnenfassung** von Bärbel Jaksch und Heiner Maaß am Mecklenburgischen Staatstheater in Schwerin. Sie war „heiß umstritten"[86]. Grund war, dass sich die Autoren und der Regisseur Christoph Schroth nicht auf die Fluchtvorgänge, sondern auf die Verhaltensweisen der Menschen konzentrierten und damit jene Linie verfolgten, die Anna Seghers mit der Analyse der deutschen Gesellschaft angelegt hatte. So trat Georg Heisler nicht in dem Stück auf, weil man sich auf die Reaktionen der Figuren auf ihn konzentrierte.
1985 folgte von Kristina Handke das **Kinderhörspiel** *Die Jacke. Hörspiel nach einer Begebenheit aus dem Roman Das siebte Kreuz von Anna Seghers*. Dramatisiert wurden die Szenen, in denen Heisler dem Gärtnerlehrling Fritz Helwig die Jacke stahl, Helwig den Dieb anfangs verwünschte, aber mehr und mehr zweifelnd wurde. Schließlich verleugnete er seine Jacke und begab sich damit selbst in Gefahr, weil das Leugnen zu durchsichtig war.
Hans Werner Henze komponierte seine *Sinfonie Nr. 9* (1998) auf Anna Seghers' Roman und Hans-Ulrich Treichel schrieb dazu die ***Dichtung zur Sinfonie* auf Anna Seghers' Roman Das siebte Kreuz**[87]. In sein Tagebuch vermerkte Henze dazu:

> *„Wir identifizieren uns mit diesen unseren Landsleuten von damals, errichten ihnen, den vergessenen Helden des Wider-*

86 Anne Braun: *Kleine Geschichten, große Vorgänge. Das siebte Kreuz am Mecklenburgischen Staatstheater.* In: Wochenpost, Berlin 1981, Nr. 39, S. 14

87 Der vollständige Text findet sich bei Hans-Ulrich Treichel: *Dichtung* ... In: Argonautenschiff Nr. 7, 1998, S. 15–20

stands, ein neues Denkmal. Und ich rufe mir die Ängste und Schmerzen meiner Kindheit, meiner Jugend, zurück – sie werden zu Landschaften, zu Nebelland und zu Ackerkrume ..."[88].

88 Hans Werner Henze: *Sinfonie Nr. 9.* In: Argonautenschiff Nr. 7, 1998, S. 13

5. Materialien

Der Roman hatte zwischen 1942 und 1946 in den USA außergewöhnlichen Erfolg. Die Buchausgabe erreichte eine Auflage von 600 000 Exemplaren. 1943 erschien die deutsche Erstausgabe im Verlag El Libro in Mexiko. Der Lektor des Verlages Paul Mayer kündigte den Roman an:

„'Alles, was das Alleinsein aufhebt, kann einen trösten', steht in diesem Buch, in dem ein Ausgestoßener in den wenigen Tagen seiner Flucht sich selbst erkennt, die eigene Seele und die seines Volkes, den Abgrund des Lebens und die Nähe des Todes, das aufzuckende Herz und die ewig kreisenden Wirbel der Welt. Dies Werk ist ein Trostbuch und ein Triumphlied zugleich. Wer dies Buch liest, ist nicht allein. Er ist mitten in Deutschland, unter Gefährten, lebenden oder toten."[89]

Anna Seghers Roman *Die Toten bleiben jung* (1949) klingt schon an. 1944 wurde der Roman von Fred Zinnemann in den USA verfilmt. Der Regisseur besetzte einige Rollen mit Emigranten: Felix Bressart, Alexander Granach und Helene Weigel. Es waren winzige, im Falle der Weigel eine stumme Rolle. Für die Hauptrolle verpflichtete er Spencer Tracy, der damit eine der interessantesten Rollen seines Lebens erhielt.

Der Film, von den Filmbossen durchaus gelobt und auch von Spencer Tracy als gelungen bezeichnet, erreichte trotz aller Vorzüge die Qualität des Buches nicht. Da der Film vor allem die Flucht betonte und weniger die Szenen des KZ umsetzte, fielen nicht nur Figuren wie Kresse, Mettenheimer, Schulz und Bachmann weg,

---

89 Paul Mayer: *Das siebte Kreuz.* In: Freies Deutschland, 2. Jahrgang, Nr. 1 (November–Dezember), Mexiko 1942, S. 16

sondern mit einzelnen, vor allem Liebesszenen kam er den Erwartungen an einen Hollywood-Film entgegen. Vorbehalte gegen den Film entstanden bei Exilanten. Sie sahen sogar schädliche Wirkungen davon ausgehen, weil der Eindruck entstünde, als hätte die deutsche Bevölkerung nur darauf gewartet, „den Antifaschisten zu helfen"[90]*. Dem hielt ein anonymer Schreiber in einer Rezension entgegen:*

„Abzuleugnen, dass es anständige Deutsche, konsequente Kämpfer gegen die nationalsozialistische Barbarei in Deutschland gibt, kann nur das Gegenteil dessen herbeiführen, was alle Feinde Hitlerdeutschlands wollen. Wenn die Besatzungsarmeen der Verbündeten keinen Unterschied zwischen Nazis, Feiglingen, charakterlosen Opportunisten einerseits und anständigen Deutschen andererseits machen würden, dann wird dies in der Praxis dazu führen, dass offene oder geheime Nazianhänger, dass der Dreck Deutschlands zu Bürgermeistern, Polizeikommissaren, Verwaltungsbeamten und Wirtschaftssachverständigen eingesetzt werden."[91]

Der Roman der Seghers ist nicht nur eine Zusammenfassung von Elementen zahlreicher Individualbiografien. Es gab Schicksale wie die Heislers; sie wurden kaum bekannt. Es gehörte „ein Mann von seltener Tapferkeit" dazu, um aus „einem Nazigefängnis" zu flüchten „ebenso wie Georg Heisler in Anna Seghers *Siebtem Kreuz*"[92]. Der Roman hat Fortsetzungen gefunden (s. S. 15 ff.), „einen Kreis kleiner novellistischer Monde ..., die um den

90 Manfred George: *Ein guter Film mit zweifelhafter Wirkung*. In: Aufbau (New York) 40 vom 4. 10. 1944, S. 11

91 Rezension. In: The German American (New York) 12 vom 15. 10. 1944, S. 6.– Zit. nach Stephan, 1997, S. 239 f.

92 E. Julina: *Bücher über deutsche Revolutionäre.* In: Sowjetliteratur. Monatsschrift. Moskau 1961, Nr. 9, S. 204

Roman als ihr Zentrum kreisen“[93]. Figuren aus seinem Ensemble treten in späteren Erzählungen wie *Vierzig Jahre der Margarete Wolf* (1958) auf und sind wertvolles Material zur Beschäftigung mit einzelnen Figuren des Romans.

Autobiografisches ist bei Anna Seghers selten sofort erkennbar, andererseits kann dem entgegengehalten werden, dass kaum etwas vom Erzählten ohne Autobiografisches möglich und denkbar wäre. Anna Seghers hat das Autobiografische als Material ihrer Texte benutzt. Die Mutter, über die die Seghers wie auch über die anderen Familienmitglieder fast immer schweigt, war im Frühjahr 1942 mit einem Transport aus Mainz in das Ghetto Piaski bei Lublin verschleppt worden[94]; im ‚Ausflug der toten Mädchen' tritt die Mutter auf, vom Vater wird gesprochen. In einzelnen Verweisen und Anmerkungen ist Autobiografisches vorhanden und legt ein kaum sichtbares Netz vom jeweiligen Text über die Erzähler zur Autorin. Dabei schützt der Erzähler stets die Autorin, indem er keinen direkten Bezug zulässt.

In der Erzählung *Vierzig Jahre der Margarete Wolf* (1958) erscheint eine Ich-Erzählerin, die offenkundig Ähnlichkeiten mit Anna Seghers hat. Dafür steht der Hinweis, dass die Erzählerin in einer kleinen Stadt in Thüringen zu Gast ist, wo ein Freund von ihr gesprochen habe. Es dürfte das Röhrenwerk „Anna Seghers“ in Neuhaus sein, wo die Schriftstellerin selbst gelesen hat. Diese Unmittelbarkeit bleibt in der Schwebe. Margarete Wolf, die Wirtschaftsleiterin des Betriebes, mit der die Erzählerin ins Gespräch kommt, ist eine geborene Wallau, die Schwester von Wallau, der mit Georg Heisler floh. Im Gespräch

93 Hans Mayer: *Nachwort*. In: Anna Seghers: *Der Ausflug der toten Mädchen*. Leipzig 1962, S. 64
94 Vgl. Frank Wagner: *Deportation nach Piaski.* In: Argonautenschiff 3 (1994), S. 117 ff.

stellt sich heraus, dass Erzählerin und Margarete Wolf vom Rhein stammen. „Es stellte sich heraus, dass sie aus meiner Gegend stammte."[95] Die Gegend der Anna Seghers ist der wichtigste autobiografische Bestandteil des Romans *Das siebte Kreuz*. Hans Werner Henze gab seiner 9. Sinfonie auf Anna Seghers' Roman *Das siebte Kreuz* den Kommentar zu diesem Inhalt mit:

„Meine neunte Sinfonie befasst sich mit der deutschen Heimat – so, wie sie sich mir dargestellt hat, als ich ein junger Mensch war, während des Krieges und schon zuvor. ... Was in dieser Sinfonie geschieht, ist eine Apotheose des Schrecklichen und Schmerzlichen. Sie ist eine Summa summarum meines Schaffens, eine Abrechnung mit einer willkürlichen, unberechenbaren, uns überfallenden Welt. Statt die Freude, schönen Götterfunken zu besingen, sind in meiner Neunten den ganzen Abend Menschen damit beschäftigt, die immer noch nicht vergangene Welt des Grauens und der Verfolgung zu evozieren, die weiterhin ihre Schatten wirft. Eine deutsche Wirklichkeit, ist diese Sinfonie aber vor allem Ausdruck der allergrößten Verehrung für Leute, die Widerstand geleistet haben in der Zeit des nazifaschistischen Terrors und die für die Freiheit der Gedanken ihr Leben gegeben haben."[96]

---

95 Anna Seghers: *Vierzig Jahre der Margarete Wolf*. In: Der Bienenstock. Gesammelte Erzählungen. Band III. Berlin: Aufbau-Verlag, 1963, S. 244 f.
96 Hans Werner Henze: *Das siebte Kreuz*. In: Argonautenschiff Nr. 7, 1998, S. 14

Literatur

Die Literatur zu Seghers *Das siebte Kreuz* ist umfangreich und vor allem durch die Veröffentlichung in den USA sehr verstreut. Es werden einige für die vorliegende Darstellung und für die Beschäftigung mit dem Roman wichtige Titel genannt. Weiterführendes findet sich auch in den Anmerkungen.

1) Ausgaben

Seghers, Anna: *Das siebte Kreuz.* Roman aus Hitlerdeutschland. In: Werkausgabe. Hg. von Helen Fehervary und Bernhard Spies, Das erzählerische Werk, Bd. 1/4. Berlin: Aufbau-Verlag, 2000
(Nach dieser Ausgabe wird zitiert.)

Seghers, Anna: *Das siebte Kreuz.* In: Gesammelte Werke in Einzelausgaben, Bd. 3. Berlin und Weimar: Aufbau-Verlag, 1977–80

Seghers, Anna: *Das siebte Kreuz.* In: Werke in zehn Bänden, Bd. 3, Darmstadt und Neuwied: Luchterhand, 1977

Seghers, Anna: *Das siebte Kreuz.* Berlin: Aufbau Taschenbuch Verlag (Band 05151), 5. Auflage 1996

Seghers, Anna: *Das siebte Kreuz.* Roman. Berlin: Aufbau-Verlag, 1956 (Deutsche Volksbibliothek)

Seghers, Anna: *Über Kunstwerk und Wirklichkeit.* 4 Bände. Hg. von Sigrid Bock. Berlin: Akademie-Verlag,1970, 1971, 1979 (Deutsche Bibliothek. Studienausgaben zur neueren deutschen Literatur,3–5, 9)

2) Lernhilfen und Kommentare für Schüler

Elsner, Ursula: *Anna Seghers. Das siebte Kreuz.* Interpretation. Hg. von Klaus-Michael Bogdal und Clemens Kammler, Bd. 76. München: Oldenbourg, 1999
(gründliche und anregende Analyse, mit zahlreichen Tabellen und Tafelbildern; prägnante Beschreibung des Zeithintergrundes und der Symbole, Metaphern und phantastischen Elemente)

Naumann, Uwe: *Anna Seghers. Das siebte Kreuz.* Materialien. Stuttgart: Klett, 1981, 1995

Spies, Bernhard: *Anna Seghers: Das siebte Kreuz.* Interpretation. Frankfurt/M.: Diesterweg, 1993

3) Sekundärliteratur:

Argonautenschiff. Jahrbuch der Anna Seghers Gesellschaft Berlin und Mainz e.V., Hg.: Anna-Seghers-Gesellschaft Berlin und Mainz e.V., Berlin: Aufbau-Verlag GmbH, 1992 ff.
(für die genaue Beschäftigung mit Anna Seghers unentbehrliches Hilfsmittel mit unbekannten Texten, Analysen, Bibliografie; Beschäftigung mit Zeitgenossen und Freunden von Anna Seghers. Darin auch aktuelle Beiträge zum Siebten Kreuz 1993, Bilke und Kant 1995 u. a.)

Albrecht, Friedrich: *Die Erzählerin Anna Seghers. 1926–1932.* Neue Beiträge zur Literaturwissenschaft. Berlin: Rütten & Loening, 1965

Batt, Kurt: *Anna Seghers. Versuch über Entwicklung und Werke.* Leipzig: Reclam, 1973

Batt, Kurt (Hg.): *Über Anna Seghers.* Ein Almanach zum 75. Geburtstag. Berlin und Weimar: Aufbau-Verlag, 1975

Bernhardt, Rüdiger: *Mühen und Niederlagen der Anna Seghers.* In: Marxistische Blätter, Essen: Neue Impulse Verlag, 2000, Heft 6, S. 86–91

Diersen, Inge: *Anna Seghers: Das siebte Kreuz.* In: Weimarer Beiträge, Berlin 1972, 18. Jg., H. 12, S. 96–120

Hilzinger, Sonja (Hg.): *Das siebte Kreuz von Anna Seghers.* Texte, Daten, Bilder.Frankfurt/M.: Luchterhand, 1990
(informative Sammlung, die auch Begleittexte wie Anna Seghers' Nachruf auf Hans Beimler u.a. einbezieht)

Kießling, Wolfgang: *In der Zeit und über sie hinaus: Das siebte Kreuz.* In: Exil in Lateinamerika (Kunst und Literatur im antifaschistischen Exil 1933–1945, Bd. 4), Leipzig: Reclam, 1980, S. 438–443

Neugebauer, Heinz: *Anna Seghers. Leben und Werk.* Schriftsteller der Gegenwart, Bd. 14, 1973

Neugebauer, Heinz: *Anna Seghers.* In: Literatur der Deutschen Demokratischen Republik. Einzeldarstellungen von einem Autorenkollektiv unter Leitung von Hans Jürgen Geerdts, Bd. 1, Berlin: Volk und Wissen, 1974, S. 92–109, 521–526

Schrade, Andreas: *Anna Seghers.* Stuttgart, Weimar: J. B. Metzler, 1993
(geeignet für eine erste Übersicht; faktografisch fehlerhaft und interpretatorisch wenig Anregungen)

Stephan, Alexander: *Anna Seghers The Seventh Cross. Ein Exilroman über Nazideutschland als Hollywood-Film.* In: Exilforschung 6. München: edition text + kritik 1988, S. 214–19
(Darstellung der Bemühungen um eine Bühnenfassung des Romans Anna Seghers' gemeinsam mit Viola Brothers Shore)

Stephan, Alexander: *Anna Seghers.* In: Im Visier des FBI. Deutsche Exilschriftsteller in den Akten amerikanischer Geheimdienste. Stuttgart - Weimar: Verlag J. B. Metzler, 1995, S. 449–482
(Hintergründe zur Veröffentlichungs- und Wirkungsgeschichte des Romans)

Stephan, Alexander: *Anna Seghers: Das siebte Kreuz. Welt und Wirkung eines Romans.* Berlin: Aufbau Taschenbuch Verlag, 1997
(Umfangreichste Text- und Wirkungsgeschichte mit der Darstellung des amerikanischen Bestsellers, der FBI-Aktivitäten und den Dramatisierungen; unersetzbares Hilfsmittel für die genaue und gründliche Analyse des Romans)

Wagner, Frank: *„...der Kurs auf die Realität". Das epische Werk von Anna Seghers (1935–1943).* Berlin: Akademie-Verlag, 1975 (Literatur und Gesellschaft)

Wagner, Frank/Emmerich, Ursula/Radvanyi, Ruth (Hg.): *Anna Seghers. Eine Bildbiographie.* Mit einem Essay von Christa Wolf. Berlin: Aufbau, 1994 (2. Auflage 2000)
(eindrucksvolle Dokumente des Lebens der Seghers mit unbekannten oder kaum bekannten Dokumenten)

Wolf, Christa: *Nachwort.* In: Anna Seghers: *Das siebte Kreuz* Leipzig: Reclam, 1971, S. 411–422

Zehl Romero, Christiane: *Anna Seghers mit Selbstzeugnissen und Bilddokumenten.* rowohlts monographien. Reinbek bei Hamburg: Rowohlt Taschenbuch Verlag, 1993

Zehl Romero, Christiane: *Anna Seghers. Eine Biografie 1900–1947*. Berlin: Aufbau-Verlag, 2000
(bisher umfangreichste Lebensbeschreibung mit allerdings wenig ausführlichen Interpretationen)

4) Materialien aus dem Internet

www.anna-seghers.de
Die Anna-Seghers-Home-Page, zusammengestellt von Margrid Bircken
(Biografie, Auswahlbibliografie, Inhaltsangaben, Archiv u. a.)

Verfilmung:

Das siebte Kreuz. USA 1944.
Regie: Fred Zinnemann.
Drehbuch: Marcia Davenport, Helen Deutsch.
Spencer Tracy als Georg Heisler.